Michael Reinke

Die Erfolgsgeschichte des Barack Obama.

Ein Vorbild für den deutschen Wahlkampf?

Michael Reinke

DIE ERFOLGSGESCHICHTE DES BARACK OBAMA

Ein Vorbild für den deutschen Wahlkampf?

ibidem-Verlag
Stuttgart

Bibliografische Information der Deutschen Nationalbibliothek
Die Deutsche Nationalbibliothek verzeichnet diese Publikation in der Deutschen Nationalbibliografie; detaillierte bibliografische Daten sind im Internet über http://dnb.d-nb.de abrufbar.

Bibliographic information published by the Deutsche Nationalbibliothek
Die Deutsche Nationalbibliothek lists this publication in the Deutsche Nationalbibliografie; detailed bibliographic data are available in the Internet at http://dnb.d-nb.de.

Coverabbildung: © Dieter Schütz / PIXELIO

∞

Gedruckt auf alterungsbeständigem, säurefreien Papier
Printed on acid-free paper

ISBN-10: 3-8382-0073-X

ISBN-13: 978-3-8382-0073-6

Printed in Germany

Inhaltsverzeichnis

1. Einleitung

Als Hubertus Heil seine Genossen auf einem Zukunftskonvent der SPD 2008 aufrief: *"Sprecht mir nach! Yes, we can!"* blieben die Jubelschreie aus.[1] Heil hatte sich an dem Aufbruchsgedanken der Obama Kampagne orientiert, und gehofft, diesen auch in seinem eigenen politischen Umfeld als Zündfunken nutzen zu können. Barack Obama schien spätestens 2008 auch ein Hoffnungsträger für die westeuropäische Bevölkerung geworden zu sein. In den Medien war von der "Obamamania" die Rede und nicht nur seine Medienpräsenz schien ihnen recht zu geben. Allein bei seiner Rede in Berlin erschienen 200.000 Menschen und jubelten ihm zu, als er sich eine nuklearwaffenfreie Welt der Zusammenarbeit und Gerechtigkeit erträumte.[2] Barack Obama, der übergreifende, sinnstiftende Botschaften verkündete, sachpolitische Themen über emotional aufgeladene, persönliche Geschichten vermittelte, und dabei unablässig die Bedeutung seiner Wähler betonte, traf auch hierzulande den Nerv der Zeit.

Es bleibt die Frage zu stellen, warum erst ein amerikanischer Präsidentschaftskandidat auf der politischen Bühne erscheinen musste, um eine solch unbeirrte Begeisterung in Deutschland auszulösen. Der 37 Jahre alte Barack Hussein Obama, aufgewachsen in der kulturell zerfaserten Gesellschaft Hawaiis, Sohn eines Kenianers und einer Amerikanerin, drängte erst Hillary Clinton, die Top-Kandidatin der Demokraten, aus dem Rennen und setzte sich anschließend gegen den republikanischen Kandidaten John McCain durch. Mit seinem ungewöhnlichen

1 vgl. AP/N24(o.V.): "Yes we can". SPD testet Obama Slogan, http://www.n24.de/news/newsitem_958004.html, letzter Zugriff am 26.7.2009

2 vgl. Ehmunds, Corinna: Obama in Berlin. Große Träume eines Weltverbesserers, http://www.tagesschau.de/inland/obamarede108.html, letzter Zugriff am 22.7.2009

Werdegang und seinen neuartigen Wahlkampfmethoden weckte er das ausländische Interesse von Wirtschaft, Medien und Politik wie kaum ein Präsidentschaftskandidat zuvor.[3] Besonders dem sogenannten Obama Movement, mit dem die aktive Bewegung beschrieben wird, die durch den Wahlkampf Obamas ins Leben gerufen wurde, wird von den deutschen Parteien großes Interesse entgegengebracht. Denn erst diese freiwilligen Helfer machten eine, für US-amerikanische Verhältnisse, rekordverdächtige Wahlbeteiligung von 64,1 Prozent, eine breite Zustimmung unabhängig von Hautfarbe[4] und Konfession[5] und eine besonders hohe Zustimmung und Beteiligung der 18-29jährigen Wähler[6] möglich. Für die deutschen Parteien sind die seit Jahren sinkenden Mitgliederzahlen, eine immer geringere Wahlbeteiligung und eine steigende Zahl von Wechselwählern Grund genug, sich ein Äquivalent zum Obama Movement herbeizusehnen. Eine Orientierung deutscher Wahlkämpfe an amerikanischen Vorbildern ist dabei keine neue Entwicklung, wobei sich laut Wagner bisher keine einfache Adaption US-amerikanischer Wahlkampfstrategien erkennen lässt. Vielmehr ergänzten US Aspekte in der Vergangenheit gelegentlich deutsche Komponenten oder initiieren und beschleunigten einen bereits vorhandenen Trend.[7] Auch eine Professionalisierung durch externe PR-Berater, Meinungsforscher und Werbe-

---

3 vgl. Plehwe, Kerstin/Bohne, Maik: Von der Botschaft zur Bewegung - Die zehn Erfolgsstrategien des Barack Obama, Hamburg 2008, S.9

4 vgl. Alexander, Dietrich: Obama vereinte die Enttäuschten und Bush - Müden, http://www.welt.de/politik/article2680892/Obama-vereinte-die-Enttaeuschten-und- Bush- Mueden.html#reqRSS, letzter Zugriff am 22.7.2009

5 vgl. Pew Forum on Religion and public Life: Voting religiously, http://pewresearch.org/pubs/1022/exit-poll-analysis-religion, letzter Zugriff: 22.7.2009

6 vgl. RP -online.de(o.V.): Wahlanalyse. Wer hat Obama gewählt? http://www.rp-online.de/public/article/politik/ausland/634482/Wer-hat-Obama-gewaehlt.html, letzter Zugriff: 22.7.2009

7 vgl. Wagner, Jochen W., Deutsche Wahlwerbekampagnen made in USA?, Wiesbaden 2005, S.343

agenturen ist seit Längerem tendenziell zu beobachten.[8] Doch Helmut Schmidts bekanntes Zitat *"Wer Visionen hat, sollte zum Arzt gehen."*[9] beschreibt den Aspekt, der die deutschen Wahlkämpfe schon immer von ihren US-amerikanischen Pendants unterschied. Der deutsche Wähler wird im Wahlkampf meistens nüchterner und weniger personenbezogen umworben, als in den USA. In der aktuellen Literatur wird über Obama häufig indirekt postuliert, dass sich seine "Erfolgsstrategien" als direkte Inspirationsquelle für die deutsche Politik eignen.[10] Doch bei der Übertragbarkeit der Erfolgsgeschichte Obamas wird meist nur am Rande darauf eingegangen, inwiefern "[...] die unterschiedlichen Kontexte der politischen Systeme (parlamentarisches vs. präsidentielles Regierungssystem, staatszentrierte vs. gesellschaftszentrierte politische Kultur) und vor allem auch der Mediensysteme(duales vs. rein kommerzielles Mediensystem) die politischen Stile und Handlungsorientierungen der Akteure beeinflussen."[11] Diese Studie hat deshalb Berührungspunkte mit verschiedenen Forschungsfeldern und Thesen. Die Diskussion um die Amerikanisierung der deutschen Wahlkämpfe, die Bedeutung der telegenen Eigenschaften von Spitzenpolitikern für ihren Werdegang und ihre öffentliche Wahrnehmung, die Wirksamkeit von Wahlkampfstrategien im Internet und ein Vergleich spezifischer Elemente der politischen Kulturen können allesamt Anhaltspunkte für die Frage liefern, ob man tatsächlich von einer Vorbildfunktion Obamas sprechen kann.

---

8 vgl. Müller, Albrecht: Von der Parteiendemokratie zur Mediendemokratie. Beobachtungen im Bundestagswahlkampf 1998 im Spiegel früherer Erfahrungen, Opladen 1999, S.34

9 Plehwe, Kerstin/Bohne, Maik: Von der Botschaft zur Bewegung, S.63

10 beispielsweise Plehwe, Kerstin/Bohne, Maik: Von der Botschaft zur Bewegung sowie Leanne, Shel: Sag's wie Obama. Austrahlung, Rethorik und Visionen des neuen US Präsidenten, Wien 2009

11 Sarcinelli, Ulrich: Elite, Prominenz, Stars? Zum politischen Führungspersonal in der Mediendemokratie, in: Balzer, Axel/Geilich, Marvin/Rafat, Schamim (Hrsg.): Politik als Marke. Politikvermittlung zwischen Kommunikation und Inszenierung, Berlin 2005, S.62ff

1.1 Fragestellungen

Die kollektive Begeisterung der deutschen Bevölkerung und die damit verbundene Frage, welche Faktoren einem ähnlichen politischen Phänomen in Deutschland entgegenwirken, gaben den Anstoß für das Forschungsinteresse der vorliegenden Studie. Kann Barack Obamas Erfolgsgeschichte tatsächlich so etwas wie einen Leitfaden für moderne Wahlkämpfe in Deutschland bereitstellen?

Dies wird im Folgenden aus verschiedenen Perspektiven beleuchtet, woraus sich zwei große Sinnabschnitte ergeben. Im zweiten Abschnitt wird hinterfragt, ob Auftreten, Ausstrahlung und Rhetorik Barack Obamas eine Vorbildfunktion für hiesige Spitzenpolitiker erfüllen könnten. Im dritten Abschnitt wird dagegen untersucht, ob sich in Deutschland durch eine Orientierung an den Erfolgsstrategien Obamas eine vergleichbare aktive Bewegung im Wahlkampf erzeugen lässt.

Diese Studie stellt dabei bewusst keine detaillierte Wahlkampfanalyse dar, sondern nimmt lediglich die Aspekte in den Blick, die aus Sicht des Autors die Sonderstellung von Obama als politischen Trendsetter begründen. Die Tatsache, dass Obamas Präsidentschaftswahlkampf unter einem großen, nicht mit deutschen Verhältnissen vergleichbaren Kostenaufwand betrieben wurde,[12] und dass dadurch noch andere, besonders aufwendige Wahlkampfmechanismen, wie beispielsweise die gezielte Wählerwerbung über ausgefeilte Zielgruppenanalysen und Datenbanken genutzt wurden, steht folglich ebenso wenig im Mittelpunkt der Betrachtung, wie die konkrete Innen- und Außenpolitik Obamas.

---

12 Amerikanische Kandidaten, Parteien, Verbände und politische Gruppen geben in einem Zyklus von vier Jahren um die 14 Milliarden Dollar für politische Kampagnen aus. Siehe hierzu: Rössler/Schatz/Nieland: Politische Akteure in der Mediendemokratie,Wiesbaden 2002, S.83ff

1.2 Aufbau der Studie

Für eine Vorbildfunktion Obamas müsste in Deutschland erstens ein entsprechender Politikertypus gefragt sein und innerhalb der Rekrutierungskanäle bevorzugt selektiert werden. Zweitens müsste gezeigt werden, dass eine entsprechende Art der Selbstdarstellung eines politischen Akteurs in Wahlkämpfen akzeptiert und von den Medien mitgetragen werden würde. Drittens muss hinterfragt werden, ob für eine vergleichbare aktive Bewegung im Wahlkampf entsprechende Vorbedingungen in Deutschland existieren.

In Abschnitt 2.1 werden daher zunächst die nationalen Unterschiede bezüglich der Rekrutierungsmechanismen im politischen System und der Karrierewege der Politikeliten aufgezeigt, da diese die Selbstdarstellung und die öffentliche Wahrnehmung der Politikeliten stark beeinflussen können.

In Abschnitt 2.2 wird anschließend gefragt, ob die Medien[13] auf die politische Elitenrekrutierung und den daraus resultierenden Spitzenpolitikertypus einen Einfluss haben. Denn aufgrund der faktisch zunehmenden Bedeutung der Massenmedien als Teil der Politikvermittlung und der politischen Willensbildung ist seit einigen Jahren eine Diskussion um die zunehmende Bedeutung von charismatischen, medienwirksamen Eigenschaften für Politikerkarrieren entbrannt. Dabei wird unter Punkt 2.2.1 zunächst das heutige Verhältnis von Politik und Medien in Deutschland herausgearbeitet. Denn die Inszenierungs- und Personalisierungstendenzen gehen einerseits von einer expressiven Selbstdarstellung der politischen Akteure (Abschnitt 2.2.1), andererseits aber auch von einer medialen Fremddarstellung der Politik in den Medien (Ab-

---

13 Da die Bedeutung des Internets für die politischen Akteure und Wahlkämpfe im letzten Abschnitt separat untersucht werden soll, sind in diesem Abschnitt mit den Begriffen Mediensystem, Massenmedien und Medien ausschließlich die klassischen Massenmedien, also Fernsehen, Rundfunk und Printmedien gemeint.

schnitt 2.2.1) aus. Unter Punkt 2.2.2 wird anschließend gefragt, ob mit dem Bedeutungsgewinn der Medien tatsächlich eine Personalisierung in der Politik und in Wahlkämpfen und zugleich eine zunehmende Bedeutung von charismatischen Eigenschaften einhergegangen ist. Wie verändern sich Rekrutierung und Kommunikationsweisen unter dem Diktat der *"Ökonomie der Aufmerksamkeit"*[14] in der modernen Mediendemokratie? Diese Frage soll in Abschnitt 2.3 in einer abschließenden Diskussion beantwortet werden. Existieren für eine vergleichbare politische Karriere und die öffentliche Wahrnehmung eines Politikers in Deutschland die geeigneten Voraussetzungen, oder relativieren die Aufstiegsmechanismen in Deutschland und der mediale Gestaltungsspielraum die Vorbildfunktion Obamas von vorneherein?

Im dritten Abschnitt bildet die aktive und breite Bewegung, die mit Obamas Wahlkampf einherging, den Untersuchungsgegenstand. Eine grundsätzliche Vorüberlegung für diesen Abschnitt war, dass das "Obama Movement" in erster Linie aus drei verschiedenen Aspekten resultierte. Obamas visionäre, emotionale Reden und Botschaften, die hierzulande von der Bevölkerung parteienübergreifend begeistert aufgenommen wurden, sein moderner Internetwahlkampf und eine bestehende Bereitschaft zum politischen Wandel in der US-amerikanischen Bevölkerung, die das Aufkommen einer solchen politischen Bewegung begünstigte. In Abschnitt 3.1 werden zunächst die Reden und die visionären Botschaften überprüft und es wird gezeigt, inwiefern durch diese der "Wille zum Wandel" aufgegriffen wurde. In Abschnitt 3.2 stehen dagegen der Internetwahlkampf und die Mobilisierungseffekte, die dieser auslösen konnte, im Mittelpunkt der Betrachtung. Dabei wird, ähnlich wie im zweiten Abschnitt, jeweils hinterfragt, ob eine Orientierung an diesen Erfolgsstrategien in Deutschland eine ähnliche Wirkung entfalten könnte.

---

[14] Franck, Georg: Ökonomie der Aufmerksamkeit. Ein Entwurf, München/Wien 1998

2. Der Aufstieg und die Wahrnehmung von politischen Eliten

Die politischen und medialen Strukturen geben den Spielraum für das Auftreten, die politische Botschaft, die öffentliche Wahrnehmung und mitunter auch den Wahlkampf eines politischen Akteurs vor. Diese Strukturen sind nicht nur ausschlaggebend für die Dauer der politischen Laufbahn und die Hürden, die dabei genommen werden müssen, sondern auch für den Politikertypus, der daraus hervorgeht sowie die öffentliche Wahrnehmung desselben. Damit von der Erfolgsgeschichte Barack Obamas überhaupt eine Vorbildfunktion ausgehen kann, muss zunächst hinterfragt werden, in welchem Maße die Ausgestaltung der politischen Rekrutierungskanäle einer vergleichbaren politischen Karriere in Deutschland entgegenwirkt.

Darauf aufbauend muss die Frage gestellt werden, inwieweit die klassischen Massenmedien auf diese Rekrutierungskanäle in Deutschland Einfluss nehmen können. Durch die faktisch gestiegene Bedeutung der Massenmedien als Teil der politischen Kommunikation könnten die parteiinterne Selektion und der wahlkampftechnische Handlungsspielraum von deutschen Politikern beeinflusst werden. Insbesondere die veränderte Darstellung der politischen Sphäre in den Medien könnte eine Annäherung an amerikanische Verhältnisse fördern. Aus der Orientierung der Politik an der Handlungslogik der Medien könnten zunehmend emotionalisierte, personalisierte Wahlkämpfe und eine eher symbolische Politikvermittlung resultieren.

2.1 Deutsche und US-amerikanische Elitenrekrutierung im Vergleich

Die Wahl des deutschen Bundeskanzlers ist im Gegensatz zu den USA eine indirekte Wahl, da die Wähler lediglich die Zusammensetzung des Bundestages bestimmen. Aus dieser Zusammensetzung ergibt sich für eine der Parteien die Berechtigung, den Bundeskanzler zu stellen. Allein aus diesem offensichtlichen Grund besteht prinzipiell keine Notwendigkeit für charismatische Politiker in der deutschen Parteiendemokratie.

> "Charismatische Begabungen sind keinesfalls nötig, um in das Bundeskanzleramt zu gelangen. Deutschland hat schließlich keine Präsidialverfassung; die ersten Frauen und Männer an der Spitze des Staates werden nicht plebiszitär gewählt, müssen also nicht die Rolle der Tribunen und Volkshelden beherrschen."[15]

2.1.1 Deutschland

In Deutschland bilden im Normalfall die Parteien die entscheidenden Kanäle, über die die Spitzenpositionen in der Politik besetzt werden. Sie haben ein Monopol beim Zugang zu politischen Ämtern und Mandaten.[16] Die Personen, die in Deutschland für das Amt zum Bundeskanzler zur Wahl stehen, haben bereits verschiedene innerparteiliche Selektionsprozesse durchlaufen. Bis heute werden die Kanzlerkandidaten der großen Parteien in Deutschland im Normalfall von der Parteispitze in informellen Gesprächen ausgewählt.[17] Während sich gänzlich parteienunabhängige Kandidaturen nur vereinzelt auf kommunaler Ebene finden lassen, liegt die Selektion der Kandidaten für die Spitzenpositionen also bei der Parteiführung. Es gab in Deutschland nur vereinzelte Versuche,

---

15 Walter, Franz: Baustelle Deutschland, Frankfurt am Main 2008, S.93

16 vgl. Römmele, Andrea: Elitenrekrutierung und die Qualität politischer Führung, in: Zeitschrift für Politik, 3/2004, S.264

17 vgl. ebd. S.268

die Kandidatenselektion auf breitere Füße zu stellen. 1994 etwa sollte der Parteivorsitzende der SPD von sämtlichen Mitgliedern der Partei gewählt werden. 18 Monate vor der nächsten Bundestagswahl ließ die SPD ihre Mitglieder über ihren Vorsitzenden entscheiden und damit indirekt auch über ihren nächsten Kanzlerkandidaten. Der so gewählte Rudolf Scharping hatte jedoch bereits 1995 die Zustimmung in der Partei verloren und musste daraufhin als Kanzlerkandidat zurücktreten.[18] Zudem gilt die damalige Öffnung des Wahlverfahrens eher als ein wahltaktisches Instrument einiger Parteispitzen, um die Wahl Gerhard Schröders zu verhindern.[19]

Um in den Kreis von möglichen Kandidaten innerhalb einer Partei vorzustoßen, muss im Normalfall ein langer Weg gegangen werden, der auch als *"Ochsentour"* bezeichnet wird.[20] Die innerparteilichen Rekrutierungsmechanismen müssen vor allem in den beiden großen Volksparteien über die langjährige Ausübung verschiedene Ämter und Mandate bedient werden, um in Spitzenpositionen zu gelangen. Nach Gruber hatten besonders viele Spitzenpolitiker in ihrer Karriere beispielsweise das Amt des Partei-Kreisvorsitzenden inne und/oder waren Mitglieder des Parteienvorstands auf Landesebene. Der meist langwierige Aufstieg innerhalb der Parteienhierarchie erfährt nach Gruber eine empirische Bestätigung und bildet noch immer das Muster für politische Karrieren.[21] Gegen diese Ansicht könnte aktuell angeführt werden, dass weder Angela Merkel noch Franz Walter Steinmeier in einem langwierigen Aufstiegsprozess verschiedene Ämter und Positionen durchlaufen haben und gewissermaßen Ausnahmen bilden. Steinmeiers wichtigste Stationen waren zunächst der Posten des Staatssekretärs in Niedersachsen, Kanzleramtschef unter der Regierung Schröder und zuletzt Außenminis-

18 vgl. Peter, Christopher J.: Scharping als SPD Chef.

19 vgl. Walter, Franz: Die SPD. Biographie einer Partei, Hamburg 2009, S.221

20 vgl. Gruber, Andreas K.: Der Weg nach ganz Oben. Karriereverläufe deutscher Spitzenpolitiker, Bamberg 2008, S.138

21 vgl. ebd. S.141

ter in der Großen Koalition unter Angela Merkel. In seiner gesamten Laufbahn innerhalb der SPD seit 1975 übernahm er jedoch weder Parteifunktionen noch Parlamentsmandate und hat sich nie in *"innerparteilichen Ochsentouren, Fraktionskämpfen, Kungelkreisen aufreiben und bewähren müssen."*[22] Ebenso Angela Merkel, die nach ihrem Eintritt in die CDU 1990 auf direktem Wege mehrere Ministerposten inne hatte und 2000 zur CDU-Vorsitzenden avancierte. Sie konnte nie auf in der Jugend gebildete, innerparteiliche Netzwerke zurückgreifen. Ihr Programm war von Beginn an säkularisiert und ohne Bezug zum Wertekodex des CDU-Milieus.[23] Auch eine klare Anpassung an die Parteidisziplin scheint nicht zwingende Voraussetzung für eine erfolgreiche politische Karriere zu sein. In der Vergangenheit gab es Politiker, die sich ihre polarisierende und kreative Energie im politischen System bewahrt haben.

> "[Es ist] kein Zufall, dass die farbigsten Gestalten des bundesdeutschen Parlamentarismus – etwa Wehner, Strauß, Brandt und Schmidt, nicht zuletzt Fischer, Biedenkopf, Lafontaine als störrische Außenseiter begannen, am Ende vieler Trotzigkeiten und Eigenwilligkeiten ins Zentrum der Politik vorstießen, nicht aber durch Devotion den Weg nach oben meisterten."[24]

Trotzdem gehörten Schröder, Merkel und auch Steinmeier vor ihrer Ernennung zum Kanzlerkandidaten jahrelang zum politischen *"Establishment"*. Sie repräsentieren zwar keinen musterhaften Parteiaufstieg, doch den heutigen Rückhalt in der Partei, ihre Vernetzung im politischen Tagesgeschäft und auch ihren Bekanntheitsgrad erlangten sie durch Beharrlichkeit und Präsenz und nicht auf einem alternativen Weg oder einem Quereinstieg. Besonders die Karrieren von Schröder und Fischer werden dabei häufig als ungewöhnlich bezeichnet. Doch diese Zu-

---

22 vgl. Walter, Franz: Charismatiker und Effizienzen. Portraits aus 60 Jahren Bundesrepublik, Frankfurt 2009, S. 391

23 Walter, Franz: Charismatiker und Effizienzen, S. 391

24 vgl. Walter, Franz: Baustelle Deutschland, Frankfurt am Main 2008, S.224

schreibungen aus journalistischen Kreisen beziehen sich bei genauerer Betrachtung eher auf den Bildungsweg und die soziale Herkunft der beiden und weniger auf den parteiinternen Aufstieg.

Neben diesen noch immer meist musterhaften Aufstiegsverläufen ist auch eine fortschreitende Professionalisierung innerhalb der Parteien zu beobachten. Für jede höhere Position wird eine genaue Kenntnis des politischen Handwerks und der Parteiensphäre zur Voraussetzung, wodurch der Zugang zu diesen Positionen weiter verengt wird.[25] Die große Mehrzahl der heutigen Spitzenpolitiker war bereits in den Jugendorganisationen der Parteien aktiv.[26] Der Anteil der Politiker, die ohne Umwege aus ihrer Ausbildung in eine politische, besoldete Tätigkeit übergehen, steigt zugleich stetig an.[27] Gruber kommt allerdings zu dem Schluss, dass *"lediglich 22% der Inhaber politischer Spitzenpositionen fünf Jahre oder weniger berufstätig waren, ehe sie von der Berufspolitik leben konnten."*[28] Von einer berufsfernen politischen Elite kann also (noch) nicht gesprochen werden. Desweiteren haben Abgeordnete immer häufiger akademische Abschlüsse. *"Soziale Underdogs mit Aufstiegsaspirationen"*[29] finden sich dagegen kaum noch. Walter stellt jedoch fest, dass gerade die *"Alphatiere des politischen Establishments"*, die in den vergangenen Jahren milieuübergreifend erfolgreiche deutsche Führungsfiguren darstellten, häufig soziale Aufsteiger waren. Sie müssen, um erfolgreich führen zu können, *"Instinkt, Populismus, Stimmungs- und Problemsensibilität, Konzentration auf das Wesentliche, virtuose Medienpräsenz und Pragmatismus"* vereinen.[30] Neben einer gewissen Härte in der politischen Arena müssen sie vermitteln, ausgleichen und delegieren können, um die kommunikative Führung ihrer Partei übernehmen zu

---

[25] Römmele, Andrea: Elitenrekrutierung, S.266

[26] vgl. Gruber, Andreas K.: Der Weg nach ganz oben, S.131

[27] vgl. Römmele, Andrea: Elitenrekrutierung, S.263

[28] vgl. Gruber, Andreas K.: Der Weg nach ganz oben, S.112

[29] Walter, Franz: Baustelle Deutschland, S.210

[30] Walter, Franz: Charismatiker und Effizienzen, S. 397

können. Ein immens facettenreicher Politikertypus also. Parteimitglieder und Berufspolitiker bilden jedoch zunehmend eine homogene Gruppe von berufsfernen Akademikern und Spezialisten des politischen Handwerks, wodurch nicht nur die allgemeine Repräsentationsfähigkeit der Parteien infrage gestellt werden könnte, sondern auch tendenziell das Vermitteln, Ausgleichen und Delegieren einen immer höheren Stellenwert einnimmt.

Der heutige typische Berufspolitiker in Deutschland lässt sich laut Walter als *"Experte der Tagesordnung"* bezeichnen. Er hat für Visionäres, große Ideen und für sinnsuchende Persönlichkeiten in seiner Partei wenig übrig, da diese sein Tagesgeschäft stören. Ein solcher Politikertypus benötigt selber kaum apolitische Eigenschaften wie besonderes Charisma oder außergewöhnliche rhetorische Fähigkeiten, um sich zu behaupten, da sich seine Position im Parteiengefüge vor allem aus dem Wissen über die eigene politische Sphäre und der passgenauen Kenntnis der politischen Profession ergibt. Dieser stabilitätsorientierte, disziplinierende parlamentarische Geschäftsführer ist zur Musterfigur der politischen Elitenrekrutierung in Deutschland geworden. Wenigstens für die SPD lässt sich dies mit einiger Sicherheit behaupten, denn mit Platzeck, Beck und auch Steinmeier standen zuletzt Männer an der Spitze, *"deren charismatische Ausstrahlung selbst die wohlmeinendsten Kommentatoren nicht als übermäßig bezeichnen würden."*[31] Auch Angela Merkel hatte vor allem zu Beginn ihrer Karriere über ihr eher biederes Äußeres gegen jede visuelle Regel der Mediengesellschaft verstoßen und tat dies bis zu ihrer Kandidatur als Kanzlerin. Im Gegensatz zu Schröder bezog Merkel zudem selten Emotionen in ihre Selbstdarstellung als Kanzlerin mit ein. Sie geht sachlicher und nüchterner mit den Medien um und stellt sich kaum in den Mittelpunkt. Als im Wahlkampf 2005 versucht

---

[31] Walter, Franz: Charismatiker und Effizienzen, S.381

wurde, sie als Person in den Mittelpunkt zu rücken, war ihr das eher unangenehm.[32]

Die Stabilitätsorientierung der politischen Akteure ist auch eine Konsequenz aus der zunehmenden Beobachtung durch die Medien, deren verstärkter Einfluss auf die politische Willensbildung dazu führt, dass Parteien auch intern ein geschlossenes und diszipliniertes Auftreten forcieren.[33] Doch gerade die Nichtgeschlossenheit und der Streit zwischen Flügeln und Lagern, die sich aus den Grundsatzfragen und Traditionen der Parteien ergeben, führen zu einer Schärfung der Positionen einer Partei. Ein notwendiger Prozess, um politische Talente erkennbar zu machen. Aufgrund des abgeschwächten Konkurrenzdrucks und mangels Nachwuchs rücken stattdessen Parlamentarier nach vorne, die sich nicht ausreichend in den Parlamentsdebatten und Streitigkeiten üben konnten, um beispielsweise ihre rhetorischen Fähigkeiten auszubauen.[34]

Quereinsteiger ohne die parteipolitisch-parlamentarische Ochsentour und auch der personelle Austausch mit anderen Elitesektoren sind in Deutschland weiterhin Ausnahmeerscheinungen.[35] Dies gilt insbesondere für SPD und CDU. Sie haben es zudem ohne die jahrelange Abhärtung in der politischen Arena nicht leicht. Ein prominentes Beispiel für diese Anpassungsschwierigkeiten war Paul Kirchhoff, der vor der Wahl 2005 als Schattenminister von Angela Merkel eine Reform des Steuersystems ankündigte, von der SPD dafür als *"radikal unsozial"* gescholten wurde und sich in Folge über den politischen Stil in Deutschland be-

---

32 vgl. Voß, Corinna: Angela Merkel - Kontrolliert - sachlich - nüchtern, http://www.welt.de/politik/article1041017/Angela_Merkel_kontrolliert_sachlich_nuechtern.html, letzter Zugriff am 22.7.2009

33 vgl. Walter, Franz: Baustelle Deutschland, S.222

34 vgl. ebd. S.223

35 vgl. Sarcinelli, Ulrich: Politische Kommunikation in Deutschland. Zur Politikvermittlung im demokratischen System, Wiesbaden 2009, S.126

schwerte.[36] Im Nachhinein hat dies, laut einigen Meinungsforschern, im Wahlkampf für große Verunsicherung gesorgt.[37] All diese Aufstiegsmechanismen und Selektionskriterien innerhalb der Parteien beeinflussen auch die Wahrnehmung der in diesem System aufgestiegenen Spitzenpolitiker. Durch die zumeist jahrelange politische Arbeit im Vorfeld ihrer Kandidatur, die von der (Medien-)Öffentlichkeit mit verfolgt wurde, ist die Wahrnehmung der Kanzlerkandidaten in der elektoralen Phase parteipolitisch eingefärbt.

> "Markant erscheint in Deutschland die große Vertrautheit mit den nationalen Spitzenpolitikern. Im Vergleich zu einem Teil der Präsidentschaftskandidaten in den USA sind deutsche Kanzlerkandidaten häufig auf der nationalen Ebene fest etablierte Größen."[38]

Dadurch wird es deutlich schwieriger, dem Kandidaten in der Wahlkampfphase einen frischen Anstrich zu verpassen, ihn als Ausnahmepolitiker hochzustilisieren oder eine reizvolle Mystik um die Person, ihren Werdegang und ihre Andersartigkeit zu kreieren, wie dies in den USA bei Barack Obama geschehen ist.

2.1.2 USA

Die Karriere der US-amerikanischen Präsidentschaftskandidaten ist von gänzlich anderen Umständen und Einflussfaktoren geprägt. Die direkte Wahl des Präsidenten ist die einzige nationale Wahl in den USA.

---

36 vgl. Wolff-Doettinchem, Lorenz: Paul Kirchhoff - Der Fassungslose, http://www.stern.de/politik/deutschland/:Paul-Kirchhof-DerFassungslose/546026.html, letzter Zugriff am 22.7.2009, S.1

37 vgl. Focus.de(o.V.): Unionsabsturz. Demoskopen geben Merkel Schuld, http://www.focus.de/politik/deutschland/neuwahl2005/cdu-schlappe_aid_99356.html, letzter Zugriff: 22.7.2009

38 Lass, Jürgen: Vorstellungsbilder der Kanzlerkandidaten. Zur Diskussion um die Personalisierung von Politik, Berlin 1995, S.42

> „Schon im 19. Jahrhundert wurde durch die faktische Demokratisierung des Wahlmodus der Präsident zum Volkstribun hochstilisiert [...] Als Einziger von einem bundesweiten Elektorat (indirekt) gewählter Amtsinhaber wurde der Präsident [...] der Vertreter der Nation als Ganzes, gegenüber den partiellen, vielfältigen lokalen und regionalen Interessen, die im Kongress vertreten sind. In dem Maße, in dem die USA ein genuin nationales Bewusstsein entwickelten, die Bindung an den Einzelstaat nicht mehr die primäre war, wurde der Präsident Symbolfigur dieser nationalen Einheit."[39]

In der direkten Wahl liegt auch die hohe Wertschätzung des Präsidentenamtes im öffentlichen Ansehen begründet und letztlich der Ausgangspunkt für den scheinplebiszitären Regierungsstil US-amerikanischer Präsidenten.[40] Der Präsident ist also zugleich Staatsoberhaupt und repräsentiert das gesamte Land wie keine andere Figur der Öffentlichkeit. Er wird in den USA in einer nationalen Wahl bis auf einige Einschränkungen direkt gewählt und nicht wie in Deutschland indirekt über den Bundestag. Dabei wird der Kandidat zunächst in den Primaries als Vertreter seiner Partei ausgewählt und stellt sich dann in den einzelnen Bundesstaaten zur Wahl. Die Wähler bestimmen dabei in den Bundesstaaten lediglich die Anzahl der Wahlmänner pro Kandidaten, die letzten Endes das Electoral College bilden. Dieses Gremium wählt anschließend den Präsidenten.[41] Da jedoch bei einem Sieg in einem Bundesstaat sämtliche Wahlmänner dieses Staates auf den Gewinner fallen, gewinnt am Ende nicht zwangsläufig der Kandidat mit den meisten Stimmen, sondern derjenige mit den meisten Wahlmännerstimmen auf seiner Seite. Die basisdemokratische Ausrichtung der Wahlen wird an dieser Stelle also ein wenig relativiert.

---

39 Lösche/Von Loeffelholz: Länderbericht USA, Bonn 2004, S. 227

40 vgl. Korte, Karl-Rudolf: Was kennzeichnet modernes Regieren? Regierungshandeln von Staats- und Regierungschefs im Vergleich, in: APuZ, B5/2001, S.10

41 vgl. Römmele, Andrea: Konvergenzen durch professionalisierte Wahlkampfkommunikation? Parteien auf dem Prüfstand, in: Alemann,Ulrich/Marschall, Stefan: Parteien in der Mediendemokratie, Wiesbaden 2002, S.336

Die Hauptfunktion der amerikanischen Parteien ist die Wählermobilisierung und die Unterstützung ihres Kandidaten. Diese reine Wahlhelferfunktion gilt für Gouverneurs- und Kongresswahlen, insbesondere jedoch für Präsidentschaftswahlen.[42] Anfang der siebziger Jahre sind zudem die Einflussmöglichkeiten der Parteieliten auf die Nominierung der Präsidentschaftskandidaten stark gemindert worden. Spätestens seit den Reformen der McGovern-Frasier Commission für die Kandidatenselektion sowie den Revenue Act von 1971 und den Federal Election Campaign Act von 1974, die jeweils die Wahlkampffinanzierung neu regelten, wurden die Parteien weiter geschwächt.[43] Die Siege in zahlreichen Vorwahlen sind seitdem die wichtigste Voraussetzung für eine Präsidentschaftskandidatur. Die langjährige Zugehörigkeit zum Parteiestablishment ist weitaus weniger wichtig als in Deutschland. Jimmy Carter gehörte bei seiner Kandidatur 1976 beispielsweise nicht zum Parteiestablishment der Demokraten.[44] Auch im amerikanischen Kongress, der gesetzgebenden Kraft in den USA, ist die Parteizugehörigkeit von geringerer Bedeutung.

> "Ein Kongressmitglied orientiert sich primär an den Bedürfnissen und Interessen seines Wahlkreises, Einzelstaates oder seiner Region, denn seine Wiederwahl hängt vor allem von der Bevölkerung der eigenen constituency ab."[45]

Wesentlich stärker als beispielsweise bei den deutschen Parteirepräsentanten, deren Karrieren intensiver an ihre Parteien gebunden sind. Sogar im engsten Beraterkreis von US-Präsident Obama finden sich Republikaner, wie der Verteidigungsminister Robert M. Gates. Daneben wurden

---

42 vgl. Wagner, Jochen W.: Deutsche Wahlwerbekampagnen made in USA? S.111

43 vgl. Ulrike Ehnes/Patrick Labriola/Jürgen Schiffer: Politisches Wörterbuch zum Regierungssystem der USA, Oldenburg 2001, S.131

44 vgl. Römmele, Andrea: Elitenrekrutierung, S.266

45 Wagner, Jochen W.: Deutsche Wahlwerbekampagnen made in USA? S.110

verschiedene hochqualifizierte aber im Grunde parteiferne Mitarbeiter aus Wirtschaft und Wissenschaft rekrutiert.[46]

Für die Wahrnehmung der Präsidentschaftskandidaten sind die Parteien trotzdem nicht unerheblich. Republikaner und Demokraten repräsentieren bis heute "*spezifische Ausprägungen des Amerikanismus*"[47] und mit der Präsidentschaftswahl gibt es für die meisten Amerikaner eine seltene Gelegenheit, sich auch zu einer der Parteien zu bekennen. Doch die Differenzen zwischen Demokraten und Republikanern sind im Präsidentschaftswahlkampf wesentlich weniger bedeutsam als die persönliche Geeignetheit des Kandidaten. John McCain distanzierte sich sogar bei seiner Nominierung als republikanischer Kandidat von dem politischen Establishment aus der Ära Bush und damit indirekt auch von seiner eigenen Partei. So schrieb die Washington Post:

> "[...]McCain befand sich vielmehr in der ungewöhnlichen Situation, sich vom republikanischen Präsidenten, dessen Amt er übernehmen möchte und in gewissem Ausmaß von der Partei, dessen Nominierung er annahm, zu distanzieren."[48]

Die New York Times stimmte zu:

> "Als Senator John McCain die republikanische Präsidentschaftsnominierung akzeptierte, klangen er und seine Unterstützer wie Rebellen gegen das Establishment, die dieses stürzen wollen, obwohl ihre Partei dieses Establishment anführt."[49]

---

46 vgl. Zeit.de: Die Neuen in Washington, http://www.zeit.de/online/2008/48/bg-obama-kabinett?1, letzter Zugriff: 22.7.2009, S.3

47 Strünck, Christoph: Where is the party? US - amerikanische Parteien im Strudel der Kommunikation, in: Alemann, Ulrich/Marschall, Stefan: Parteien in der Mediendemokratie, Wiesbaden 2002, S.314

48 Sueddeutsche.de/DPA/JTR(o.V.): Wie Rebellen gegen das Establishment, http://www.sueddeutsche.de/politik/120/309061/text/, Letzter Zugriff am 22.7.2009

49 ebd.

Zwar lässt sich dieses Auftreten als Reaktion auf die große Ablehnung der Bevölkerung gegenüber der Regierung Bush deuten, doch wäre dies, selbst in einer vergleichbaren Situation, in deutschen Bundestagswahlkämpfen undenkbar.

Für den Grad der Personalisierung und auch den Einfluss der Medien im Wahlkampf ist es also ausschlaggebend, dass in den USA bereits in den Vorwahlen der Kandidat und weniger die Partei im Vordergrund steht. Er steht permanent im Blickfeld der Wahlberechtigten und der möglichen Spender und richtet seinen Wahlkampf explizit darauf aus. Dadurch, dass der Kandidat bereits bei den Vorwahlen direktdemokratisch gewählt wird, kann er die Wähler schon lange vor der letztlichen Wahlentscheidung an sich binden. Der auch Horse Race genannte Wettlauf mit den anderen Kandidaten wird dabei als Medienspektakel unter größtem finanziellen Aufwand ausgerichtet. Durch die, verglichen mit Deutschland, geringere Bindung an die Partei kann der Wahlkampf losgelöster und mit individuellen, passgenauen Themenschwerpunkten geführt werden. Und nicht zuletzt fällt auch die parteipolitische Vergangenheit der Kandidaten nicht so sehr ins Gewicht wie in Deutschland. Es müssen nicht innerhalb eines Parteiapparates jahrelang bürokratische Hürden genommen werden, und die Ausübung verschiedener politischer Ämter ist keine so wichtige Voraussetzung, um für das Präsidentenamt kandidieren zu können. Viele Kandidaten waren bis zum Zeitpunkt der Wahlkämpfe lediglich in einzelnen Staaten politisch aktiv und sind relativ frische Gesichter auf der nationalen Bühne. Als Barack Obama Anfang 2009 seinen Amtseid als 44. US Präsident ablegte, war er gerade einmal 4 Jahre lang demokratischer Senator in Illinois.[50] Allerdings konnte er bereits während dieser kurzen Zeit eine große Popularität und

[50] vgl. Alexander, Dietrich: Obama vereinte die Enttäuschten und Bush - Müden

Zustimmung in der Bevölkerung für sich verbuchen.[51] Während im deutschen Wahlkampf häufig Eigenschaften im Vordergrund stehen, die in der innerparteilichen Laufbahn bis zum Zeitpunkt der Wahl an den Tag gelegt wurden, ist das Image der Präsidentschaftskandidaten in den USA also weniger vorgeprägt und wird vor allem während des Wahlkampfes erzeugt. Dies gilt ganz besonders für Obama, der seine steile Karriere und seinen schnellen, größtenteils politikfernen Aufstieg sogar betonte, um sich vom politischen Establishment abzugrenzen.

> "Er setzte gezielt auf den Kontrast zum politischen Status quo, zur etablierten Elite in Washington D.C. [...] Diese populistische anti-Parteien Botschaft war riskant, war doch Barack Obama seit kurzem selbst Teil des von ihm kritisierten Establishments."[52]

Obama sah sich selbst als Teil einer neuen Generation von Politikern, die die Alte verdrängt. Unabhängig von der Parteizugehörigkeit. Gegenüber den Fox News sagte er beispielsweise Ende 2007:

> "Einige der Kämpfe, die Clinton und andere ausfechten, sind seit den 60er Jahren immer die gleichen geblieben. Deshalb fällt es ihnen so schwer das Land zu einen, damit wir vorankommen können."[53]

Würde man in Deutschland die Prozesse der Kandidatenaufstellung durch Vorwahlen nach US-amerikanischem Vorbild demokratisieren, so hätte dies vermutlich gravierende Auswirkungen. Interessengruppen, Wahlkampfberater und insbesondere die Massenmedien würden laut

---

51 SurveyUSA: Approval Ratings for all 100 US Senators as of 02/21/06, Verona 2006, http://www.surveyusa.com/50State2006/100USSenator060221Approval.html, letzter Zugriff am 22.7.2009

52 Plehwe, Kerstin/Bohne, Maik: Von der Botschaft zur Bewegung, S.43

53 Chaudry, Lakshmi: Generation Obama. Programm und Protagonisten der "New Progressive Democrats," in: Blätter für internationale Politik: Quo vadis, Amerika? Die Welt nach Bush, Bonn 2008, S.219

Siefken an Bedeutung gewinnen und der Quereinstieg von politischen Außenseitern erleichtert.

> "Dass sich Abgeordnete stärker als „politische Unternehmer“ in eigener Sache verstehen müssten, würde [...] die Geschlossenheit der Parlamentsfraktionen gefährden."[54]

2.1.3 Ergebnis

Wie gezeigt werden konnte, sind die Rekrutierungskanäle in Deutschland zunehmend verengt. Sie begrenzen die Auswahl der Kandidaten für politische Spitzenpositionen. Insbesondere die Selektionsmechanismen in den Rekrutierungskanälen von CDU und SPD, aus denen die Kanzlerkandidaten hervorgehen, fördern das Emporkommen von spezialisierten, disziplinierten und wenig medienwirksamen Politikertypen. Über mitreißende Visionen darf das heutige deutsche Führungspersonal laut Walter im politischen Tagesgeschäft *"höchstens in kleinen Portionen verfügen."*[55] Strukturen und Kanäle der politischen Personalauslese scheinen in Deutschland ein größeres Gewicht für die Elitenselektion zu haben, als Persönlichkeitsfaktoren.

> "In der modernen Verhandlungsdemokratie [...] hängt zudem der politische Erfolg und damit die Chance einer politischen Karriere nicht so sehr von der Stärke der Machtorientierung "autoritärer Persönlichkeiten" ab sondern von ihrer Fähigkeit zum pragmatischen Handeln und zu konsensualer Entscheidungsfindung."[56]

Ein deutscher Kanzlerkandidat ist also während seines langjährigen Aufstiegs innerhalb der Parteienhierarchie einem, verglichen mit den USA, stärkeren Anpassungsdruck unterworfen. Daher könnte sich ein

---

54 Siefken, Sven T.: Vorwahlen in Deutschland? Folgen der Kandidatenauswahl nach U.S.-Vorbild, in: Zeitschrift für Parlamentsfragen, Heft 3, Jg. 2002, S. 532

55 Walter, Franz: Charismatiker und Effizienzen. S.398

56 Kevenhörster, Paul: Politikwissenschaft. Band 1: Entscheidungen und Strukturen der Politik, 3. Auflage, Stuttgart 2007, S.126

Kandidat wie Obama, der durch seine Andersartigkeit und seine parteienferne Attitüde in den USA beim Wähler punkten konnte, innerhalb der zunehmend verengten, professionalisierten Rekrutierungskanäle in Deutschland weniger gut durchsetzen.

> "Politische Eliten [in Deutschland, Anm. des Autors] können daher bestenfalls Schwämme sein, die Stimmungen aufsaugen; sie sind jedoch keine Avantgarden, die Entwicklungen prägen. Zur Führung ist die politische Elite kaum mehr fähig; geistig oder moralisch kann sie weder voranschreiten noch wenden [...]"[57]

Die Kanzlerkandidaten, die die Selektionsmechanismen vor der elektoralen Phase bereits durchlaufen haben und somit zum Parteienestablishment gehörten, treffen im Wahlkampf durch ihre jahrelange politische Arbeit im Lichte der Medienöffentlichkeit auf ein bestehendes, parteipolitisch eingefärbtes Image. Da insbesondere die deutschen Parteien laut Umfragen kein großes Vertrauen in der Bevölkerung genießen,[58] ist davon auszugehen, dass aus der Zugehörigkeit zum parteipolitischen Establishment gegenwärtig sogar ein negatives Image resultiert.

Ganz anders als in den USA. Die basisdemokratische Wahl, die bereits in der Phase der Vorwahlen eine Bindung der Bürger zu den jeweiligen Kandidaten schafft, die geringere Parteigebundenheit der Kandidaten und der Wähler, die symbolische Bedeutung des Präsidentenamtes und die geringere Vertrautheit mit den Kandidaten in der Phase vor dem Wahlkampf ermöglichten, vor allem im Falle von Obama, einen größeren Einfluss auf die öffentliche Wahrnehmung des Kandidaten, sowie individuellere und längere Wahlkämpfe.

---

57 Walter, Franz: Charismatiker und Effizienzen, S.399

58 DDP/DPA/AP/DCS(o.V.): Umfrage: Die Deutschen vertrauen den Parteien nicht mehr, http://www.welt.de/politik/article3684354/Die-Deutschen-vertrauen-den-Parteien-nicht-mehr.html, letzter Zugriff am 22.7.2009

2.2 Der Bedeutungsgewinn der Medien[59] in der politischen Kommunikation

> "Was wir über unsere Gesellschaft, ja über die Welt, in der wir leben wissen, wissen wir durch die Massenmedien."[60]

Schon in der grundsätzlichen Ausgestaltung der Mediensysteme gibt es gravierende Unterschiede zwischen den USA und Deutschland. Die führenden US-amerikanischen Printmedien differieren von ihren deutschen Pendants aufgrund fehlender, klar auszumachender politischer und ideologischer Leitlinien.

> "The leading print media in Germany have recognizable political and ideological profiles, whereas in the United States they hardly expose significant political leanings."[61]

Der Rundfunk ist in den USA vollständig kommerzialisiert, während sich in Deutschland seit den achtziger Jahren ein duales Rundfunksystem entwickelt hat. In den USA gibt es also kein Pendant zu den öffentlich-rechtlichen Medien in Deutschland, weshalb auch weniger rechtliche Auflagen bei der Quantität und der Gewichtung der Wahlwerbung existieren. Zudem ist im Unterschied zu den USA in Deutschland aufgrund der bundesweit einheitlichen Senderstruktur kein gezieltes Werben über regionale Sender möglich.[62] Die Bedeutung der Medien schlägt sich in den USA auch im politischen Tagesgeschäft stärker als in Deutschland nieder. Da der Präsident sich nicht wie in Deutschland auf

---

59 Da die Bedeutung des Internets für die politischen Akteure und Wahlkämpfe im letzten Abschnitt separat untersucht werden soll, sind im Abschnitt 2 mit den Begriffen Mediensystem, Massenmedien und Medien ausschließlich die klassischen Massenmedien, also Fernsehen, Rundfunk und Printmedien gemeint.

60 Luhmann, Niklas: Die Realität der Massenmedien, Wiesbaden 2004, S.9

61 Pfetsch, Barbara: Political Communication Culture in the United States and Germany, in: The Harvard International of Press and Politics, Vol. 6, 1/2001, S.50

62 vgl. Wagner, Jochen W.: Deutsche Wahlwerbekampagnen made in USA? S.177

eine Fraktionsdisziplin verlassen kann, ist der Umweg über die Öffentlichkeit, durch den beispielsweise Widerstände des Kongresses umgangen werden können, bereits Tradition. Bereits Präsident Roosevelt wandte sich mit seinen Fireside Chats an eine breite und interessierte Hörerschaft.[63]

> "In einem Entscheidungsprozess, in dem der Präsident keine formale Politikinitiative besitzt, weitestgehend unabhängig vom Kongress agiert und stets gezwungen ist, neue Koalitionen einzugehen ersetzt der Druck durch die Öffentlichkeit, der durch eine gezielte Medienstrategie erzeugt wird, die Verhandlungen zwischen der Regierung und dem Parlament."[64]

Der Bedeutungsgewinn der Medien für das politische System ist für die Frage nach der Vorbildfunktion Obamas deshalb von Bedeutung, weil dadurch die in 2.1 beschriebenen, restriktiven Selektionsmechanismen für das politische Führungspersonal und die stark parteipolitisch eingefärbte Außendarstellung der Kanzlerkandidaten in der deutschen Parteiendemokratie an Bedeutung verlieren könnten. In Deutschland ist die Wahlentscheidung für einen Kandidaten, anders als in den USA, aufgrund der nur indirekten Wahl der Kanzlerkandidaten untrennbar mit der Entscheidung für eine politische Partei verbunden. Der Einfluss der Medien auf die Wahlentscheidung wird also grundsätzlich durch die stärkere Parteienidentifikation der Wähler und die Monopolstellung der Parteien bei der Elitenrekrutierung geschmälert. Es lassen sich jedoch verschiedene Ursachen finden, die einen Bedeutungszuwachs der Medien und eine Schwächung der Parteien zumindest theoretisch implizieren. Die schwindende Parteienidentifikation der Wähler, die sinkenden Mitgliederzahlen der Parteien, die Erosion traditioneller Milieus in der Gesellschaft, die zunehmende Ausdifferenzierung der Medien, die Individualisierungstendenzen in der Gesellschaft sowie die wachsende Bedeutung des Internets als Quelle für politische Informationen und zukünfti-

---

63 vgl. Lösche, Peter/Von Loeffelholz, Hans - Dietrich: Länderbericht USA, S.402

64 Wagner, Jochen W.: Deutsche Wahlwerbekampagnen made in USA? S.108

ge Möglichkeit politischer Partizipation, sind einige davon.[65] Ein durch die Medien ausgeübter Druck auf die Außendarstellung von Parteien und Spitzenpolitikern könnte dazu führen, dass diese sich immer stärker an die in den Medien dominierende Handlungslogik und Ästhetik anpassen. Tatsächlich wird häufig angeführt, dass mittlerweile die individuelle Inszenierungskompetenz der politischen Akteure einen vereinfachten Weg zu den politischen Spitzenpositionen ermögliche, beziehungsweise eine entscheidende Voraussetzung sei.[66] Die wachsende Bedeutung der TV-Duelle, mit ihrem gewaltigen Medienecho, den sehr hohen Einschaltquoten und der Konzentration auf zwei Kanzlerkandidaten, steht für sich alleine schon für eine zunehmende Personalisierung der Wahlkämpfe in den Medien.[67] Durch das zusätzliche Auftreten von Politikern in Unterhaltungsformaten und den zahlreichen Politik Talkshows wird gar von Politainment gesprochen.[68] Massenmedien können auf verschiedene Arten auf Politik und Wählerschaft Einfluss nehmen.

> "Die Medienöffentlichkeit kann für die Politik als Raum fungieren, in dem man die öffentliche Zustimmung durch geschicktes Ausnutzen der medieneigenen Handlungslogiken positiv beeinflussen kann. Gleichzeitig müssen hier Entscheidungen öffentlich begründet werden und sind somit möglicherweise schwerer zu implementieren und zu vermitteln."[69]

Um die wechselseitigen Beziehungen von Politik und Massenmedien zu beschreiben und besser voneinander abzugrenzen, wird im Folgenden

---

65 vgl. Rössler/Schatz/Nieland: Politische Akteure in der Mediendemokratie, S.131

66 vgl. Meyer, Thomas/Ontrup, Rüdiger/Schicha, Christian: Die Inszenierung des Politischen – Zur Theatralität von Mediendiskursen, Wiesbaden 2000, S.41

67 vgl. Reinemann, Carsten/Maurer, Marcus: Schröder gegen Merkel - Wahrnehmung und Wirkung des TV Duells. In: Brettschneider, Frank/Niedermeyer, Oskar/Weßels, Bernhard(Hrsg.): Die Bundestagswahl 2005, Wiesbaden 2007, S.197

68 vgl. Dörner, Andreas: Politainment. Politik in der medialen Erlebnisgesellschaft, Frankfurt 2001

69 vgl. Alemann/Marschall: Parteien in der Mediendemokratie, S.17

eine Aufteilung der politischen Kommunikation auf zwei Ebenen in Anlehnung zu Brosda/Schicha gemacht.[70] Diese soll jedoch kein klares Analyseraster vorgeben, sondern lediglich deutlich machen, dass die Politikvermittlungs- Inszenierungs- und Personalisierungsbemühungen einerseits von den politischen Akteuren, andererseits aber auch von den Medien ausgehen und die Grenzen dabei zunehmend verschwimmen.

2.2.1 Die Selbstdarstellung der Politik im öffentlichen Raum

Auf der Ebene der Selbstdarstellung der Politik wird das politische Handeln auf die Logik des Massenmediensystems transformiert. Die mediale Vermittelbarkeit und die öffentliche Legitimierung von bereits getroffenen und noch anstehenden politischen Entscheidungen stehen im Vordergrund. Parlamentarische Debatten, Pressekonferenzen und Symbolereignisse sind beispielsweise Teil dieser politischen Public Relations. Über die Annäherung der politischen Akteure an die Medienlogik und Ästhetik können politische Spielräume erweitert werden.[71] Parteien und Kandidaten bemühen sich permanent, durch Anpassungs- und Inszenierungsstrategien in Wahlwerbespots und der regulären Berichterstattung ein positives Bild von sich zu entwerfen. Dass mit politischen Inszenierungen grundsätzlich eine günstige Fernsehberichterstattung erreicht werden kann, ist laut Schulz empirisch belegt.[72] In Deutschland ist die Nutzung der Paid Media, also der bezahlten Wahlwerbung der Parteien, dabei wesentlich weniger bedeutend als die Nutzung der Free Media, bei der es um das Auftauchen in der regulären Berichterstattung

---

70 vgl. Rössler/Schatz/Nieland: Politische Akteure in der Mediendemokratie, S.42

71 vgl. ebd. S.44

72 vgl. Schulz, Winfried: Politische Kommunikation. Theoretische Ansätze und Ergebnisse empirischer Forschung. Wiesbaden 2008,S.333

geht. Dies hängt auch mit den streng reglementierten Sendezeiten für Wahlwerbung in den öffentlich-rechtlichen Kanälen zusammen.[73]

Die Politik, die die zunehmende Bedeutung der Medien als öffentlichen politischen Raum erkannt hat, passt sich über eine kalkulierte, bewusst erzeugte Außenwirkung an die Selektionsmechanismen der Medien an. Doch auch die innerparteiliche Kommunikation und Willensbildung sind zunehmend Berichterstattungsobjekt der Medien, finden dadurch in öffentlich zugänglichen politischen Räumen statt und sind folglich in ihrer ursprünglichen Funktion beeinträchtigt. Funktionseliten in der Partei gewinnen hierdurch an Macht und die Parteibasis wird über diese, über die öffentlichen Medien durchgeführte, "Top Down Kommunikation" geschwächt. Spitzenpolitiker können durch ihre direktere Kommunikation mit den Bürgern über die Medien Ideen und Pläne auf ihre Reaktion und Popularität testen, ohne dabei erst mit ihren Parteifreunden Rücksprache zu halten.[74] Daraus resultiert eine *"Verringerung der Trennschärfe zwischen interner und externer Kommunikation."*[75] Zudem sichert insbesondere die Provokation gegen die eigenen Leute *"[...] Schlagzeilen, Beachtung und Ruhm. Es ist schwer sich diesem Rausch zu entziehen, wenn man erstmal von der Droge genommen hat."* [76] Für die Wahrnehmung der Spitzenpolitiker und deren Rückwirkung auf die Partei ergibt sich daraus letztlich eine destruktive Dynamik. Für die öffentliche Wahrnehmung der politischen Akteure insgesamt ergibt sich der Eindruck, dass Politik von einer kleinen Parteienelite produziert wird, die die Entscheidungen unter sich ausmacht. Selbst die Parteibasis informiert sich zunehmend über die öffentlichen Massenmedien, da die-

---

73 vgl. Römmele, Andrea: Konvergenzen durch Wahlkampfkommunikation?, S.338

74 vgl. Pfetsch, Barbara: Politik und Medien - Neue Abhängigkeiten?, in: Balzer/Geilich/Rafat(Hrsg.): Politik als Marke. Politikvermittlung zwischen Kommunikation und Inszenierung, Berlin 2005, S.37

75 Alemann/Marschall: Parteien in der Mediendemokratie, S.27

76 Walter, Franz: Charismatiker und Effizienzen, S.383

se aktueller und stetiger berichten. Dies höhlt gleichzeitig den Status der Parteien als Forum gehobener politischer Bildung und als Begegnungsstätten exklusiven Informationsaustausches aus. Die Spitzenpolitiker kontrollieren dadurch nicht mehr nur die parteiinternen Medien[77] sondern spielen auch in der Berichterstattung der Massenmedien als *"kleine Schar im Zentrum der Aufmerksamkeit stehender Medienstarpolitiker"* die dominante Rolle. Einzelne Aussagen in den Medien können die parteiinterne Willensbildung dadurch ad absurdum führen.[78]

Deutliche Auswirkungen zeigt die Anpassung an die Medienästhetik bei Parteitagen, insbesondere im Vorfeld der Bundestagswahlkämpfe. Trotz des eher institutionell-organisatorischen Charakters deutscher Parteitage besitzen diese in ihrer Funktion als politisch-mediale Massenevents mittlerweile erkennbare Gemeinsamkeiten mit US-Conventions.[79] Da hier vor allem die Medien und die Bürger die Adressaten bilden, versuchen die Parteien ihre Geschlossenheit und Handlungsfähigkeit zu präsentieren. Als Beispiel für eine kalkulierte Außenwirkung über professionalisierte Inszenierungsstrategien gilt der CSU Parteitag 2001. Der Münchner Flughafen wurde als Übertragungsort gewählt und die Logistik von unabhängigen Unternehmen übernommen. Für die mediengerechte Inszenierung wurde ein TV Regisseur aus der Unterhaltungsbranche verpflichtet. Durch Spontaninterviews und bewegliche Kameras entstand eine *"weniger konfrontativ-hierarchische, sondern eher eine dialogisch-integrativ- sympathische Atmosphäre."* [80] Der Parteitag wirkte dadurch in den Medien lebendiger und unterhaltsamer. Und durch die feste Integration der TV Berichterstattung fiel das Echo in den Medien positiver aus, als beim SPD-Parteitag 1998. Hier

---

77 vgl. Wiesendahl, Elmar: Parteienkommunikation parochial. Hindernisse beim Übergang in das Online-Parteienzeitalter, in: Alemann, Ulrich/Marschall, Stefan: Parteien in der Mediendemokratie, Wiesbaden 2002, S.369

78 vgl. ebd. S.370

79 vgl. Wagner, Jochen W.: Deutsche Wahlwerbekampagnen made in USA? S.148

80 vgl. Rössler/Schatz/Nieland: Politische Akteure in der Mediendemokratie, S.75

hatte es im Nachhinein den Vorwurf der Dramatisierung und Inszenierung gegeben.

> "Mit ihrem sorgfältig nach US Vorbild inszeniertem Parteitag betritt die SPD politisches Neuland. Hinter der Präsentation des Kandidaten tritt alles zurück - die inhaltliche Konkretisierung aber auch der lange Jahre gewohnte Streit."[81]

Dies schrieb das Handelsblatt am 20. April 1998, und stimmte damit in eine breite Diskussion in den Medien über Inszenierung in der Politik ein. De facto kündigte die SPD 1998 offiziell an, sich bei ihrem Wahlkampf an englischen und US-amerikanischen Vorbildern zu orientieren. Dies könnte jedoch auch ein Versuch der Partei gewesen sein, sich als modern und zukunftsgerichtet zu präsentieren und dadurch von der Regierung Kohl noch stärker abzugrenzen.[82]

2.2.2 Die mediale Fremddarstellung der Politik durch den Journalismus

Die Darstellung des politischen Vollzugs seitens der Massenmedien bildet die primäre Informationsquelle für die Bürger. Die Medien folgen dabei einer Selektionslogik, die unter anderem als Orientierung an Nachrichtenfaktoren, beziehungsweise als Gate Keeper Prozess beschrieben werden kann. Die Nachrichtenfaktor-Theorie, die bereits 1965 durch Johan Galtung und Marie Holmboe-Ruge populär wurde, geht davon aus, dass es verschiedene Ereignismerkmale gibt, an denen sich die Medien typischerweise bei der Auswahl des Zeitgeschehens orientieren.[83] Hieraus ergibt sich, dass die Medien in Deutschland nicht nur eine öffentliche Plattform bereitstellen, die der Politik dazu dient, Wahlwer-

---

81 Müller, Albrecht: Von der Parteiendemokratie zur Mediendemokratie, S.41

82 vgl. ebd. S.42

83 vgl. Klaus Merten, Siegfried J. Schmidt, Siegfried Weischenberg: Die Wirklichkeit der Medien, Opladen 1994, S.238

bung zu betreiben und politische Entscheidungen zu diskutieren. Sie geben zugleich auch vor, wie die Politik auf dieser Ebene dargestellt wird, welche politischen Themen von Bedeutung sind und welche politischen Akteure zu Wort kommen. Durch die Privatisierung eines Großteils der Rundfunkanstalten orientieren sich diese in erster Linie an den Präferenzen ihrer Zuschauer und spätestens mit der Herausbildung des dualen Rundfunksystems hat sich im Fernsehen eine spezifische Handlungslogik und Ästhetik herausgebildet.[84] Die Medien geben selbst Umfragen in Auftrag und publizieren dadurch regelmäßig Befunde über die Meinungen in der Bevölkerung zur Popularität der Parteien und der einzelnen Politiker.[85] Dadurch können sie auch zwischen den Wahlen eine Art Meinungsklima erzeugen, dass nicht unerheblich auf die Wahlentscheidungen der Bürger Einfluss nehmen kann.

Das allgemeine Angebot politik- und wahlkampfbezogener Sendungen im Fernsehen ist seit Mitte der achtziger Jahre stark angestiegen. Durch diese Fragmentierung und gleichzeitige Intensivierung der Mediennutzung in der Gesellschaft ist laut Müller, neben anderen Faktoren, eine Entpolitisierung und ein Rückgang der interpersonellen, politischen Kommunikation ausgelöst worden.[86] Aus diesem Rückgang der interpersonellen Kommunikation über politische Themen resultiert die heutige Darstellungshoheit der Medien bezüglich der politischen Inhalte und Akteure. Doch zugleich gibt es aufgrund der Ausdifferenzierung des Angebots keine Fernsehformate mehr, die einen so hohen Zuschaueranteil aufweisen wie beispielsweise 1972 "Deutschland vor der Wahl" oder "4 Tage vor der Wahl" mit 58% der Einschaltquote.[87] Dadurch, dass diese Sendungen einmalige und gesonderte Ereignisse waren, bildeten sie einen viel stärkeren Anstoß für die weiteren Kommunikations-

---

84 vgl. Alemann/Marschall: Parteien in der Mediendemokratie, S.17

85 vgl. Holtz-Bacha, Christina: Parteien und Massenmedien im Wahlkampf, S. 54

86 vgl. Müller, Albrecht: Von der Parteiendemokratie zur Mediendemokratie, S.60

87 vgl. ebd. S.36

vorgänge in der Bevölkerung. Lediglich die 2002 eingeführten TV Duelle haben eine vergleichbare Wirkung. Die nachträgliche Berichterstattung über die TV Duelle hatte allerdings einen größeren Einfluss auf die öffentliche Wahrnehmung der Kanzlerkandidaten, als die Duelle selbst.[88] Die Medien reagieren häufig negativ auf eine inszenierte Politik und machen ihr dies zum Vorwurf. Damit handeln sie sich seitens der Politik wiederum den Vorwurf ein, Politikverdrossenheit in der Bevölkerung zu schüren.[89]

> "Heute ist jede politische Entscheidung zugleich vermittelte Politik und entfaltet oder verfehlt kommunikative Wirkungen. [...] Die Politik leidet dadurch an Glaubwürdigkeitsdefiziten, es fehlt ihr an gesellschaftlichem Vertrauen."[90]

Vor allem durch die seit Ende der neunziger Jahre zunehmende Selbstthematisierung der deutschen Medien wird das Bild einer inszenierten, an Medienmaßstäben ausgerichteten Politik verstärkt.

> "Ein knappes Viertel der Policy-Themen entfiel in den Nachrichtensendungen zum Bundestagswahlkampf 2005 auf diese Form der Metakommunikation, stellt also den politischen Wahlkampf vorzugsweise als Medienwahlkampf oder als mediatisierte Politik dar. [...] Auch wenn dieses Phänomen in Europa noch nicht so verbreitet ist wie in den Vereinigten Staaten, gehört dieses Merkmal allgemein zur Amerikanisierung des Wahlkampfs."[91]

---

88 vgl. Balzer, Axel/Geilich, Marvin: Politische Kommunikation in der Gegenwartsgesellschaft, in: Balzer/Geilich/Rafat: Politik als Marke. Politikvermittlung zwischen Kommunikation und Inszenierung, Berlin 2005, S.27

89 vgl. Holtz-Bacha, Christina: Parteien und Massenmedien im Wahlkampf, in: Alemann, Ulrich/Marschall, Stefan: Parteien in der Mediendemokratie, Wiesbaden 2002, S.46

90 Balzer/Geilich/Rafat: Politik als Marke, S.10

91 Hohlfeld, Ralf: Bundestagswahlkampf 2005 in den Hauptnachrichtensendungen, in: Aus Politik und Zeitgeschichte, 38/2006, http://www.bundestag.de/dasparlament/2006/38/Beilage/003.html, letzter Zugriff am 22.7.2009

Eine Mystifizierung von modernen Wahlkampfstrategien, und eine Diskussion um die scheinbar deutlichen Personalisierungstendenzen durch Gerhard Schröder fanden in den deutschen Massenmedien erstmals in vollem Ausmaß rund um den Bundestagswahlkampf 1998 statt. Ob man aufgrund der vermeintlich neuen Wahlkampfmethoden tatsächlich von Professionalisierung und Amerikanisierung sprechen konnte oder ob nicht eher die Medien selbst die Diskussion darüber initiierten, lässt sich also rückblickend nicht mit Sicherheit sagen. Aus der Vermischung der Selbstdarstellung der Politik im öffentlichen Raum und der Fremddarstellung derselben durch die Medien ergibt sich für die Rezipienten ein diffuses Bild. Der eigentliche Ursprung von Inszenierungs- und Personalisierungstendenzen ist dadurch kaum mehr auszumachen.

2.2.3 Personalisierung und Amerikanisierung der deutschen Politik

Personalisierung, Mediatisierung, Inszenierung und letztlich Amerikanisierung sind Begriffe, die oftmals im selben Kontext genannt werden. Die Medien erzeugen durch ihre Berichterstattung eine öffentliche Fokussierung auf die politische Elite, woraus sich der Eindruck einer personalisierten Politik ergibt. Zugleich müssen Spitzenpolitiker charismatische, medienkompatible Eigenschaften an den Tag legen, um in der Medienberichterstattung ein positives Bild von sich zu erzeugen. Sind diese Tendenzen in Wahlkämpfen besonders deutlich und werden dabei professionalisierte Medienberater und Meinungsforscher hinzugezogen, so spricht man häufig von einer Amerikanisierung.

> "In ihrem Kern bezieht sich die Amerikanisierungsthese nicht nur auf Wahlkämpfe sondern auf generelle Entwicklungen der politischen Kommunikation. Im Zentrum steht hierbei die These, dass sich die gesamte politische Kommunikation eines Landes dem Diktat der öffent-

lichkeitswirksamen Selektions- und Aufmerksamkeitsregeln der Massenmedien unterwirft."[92]

Die Vorbildfunktion der Obamas für hiesige Politikeliten begründet sich per Annahme vor allem aus seinem öffentlichkeitswirksamen Auftreten. Daher soll im Folgenden gefragt werden, ob in der Vergangenheit bereits ein entsprechender Trend in der deutschen politischen Kommunikation deutlich geworden ist und man in diesem Zusammenhang von einer in den letzten Jahren zunehmenden Bedeutung wirkungsmächtiger Persönlichkeiten in Wahlkämpfen sprechen kann. Lässt sich dabei eine allgemeine Tendenz beobachten, so könnten auch die in Abschnitt 2.1 herausgearbeiteten klassischen Karrieremuster und die daraus folgenden Einschränkungen für die Vorbildfunktion Obamas zukünftig an Bedeutung verlieren.

Die Berichterstattung über politische Themen ist laut der Medienwirkungsforschung grundsätzlich weniger bedeutsam für eine Medienwirkung im Wahlkampf, als die Berichterstattung über Personen.[93] Empirisch belegt sind desweiteren Zusammenhänge zwischen dem personalisierten Medienbild der Kampagne und den Politiker Images der Wähler.[94] Bei einer Untersuchung bezüglich der Medienwirkungen in der Präsidentschaftswahl 2000 in den USA konnte nachgewiesen werden, dass die Berichterstattung zwar ausgewogen war, die beiden Kandidaten jedoch jeweils fast medienübergreifend auf homogene Weise dargestellt wurden. Konkret waren es George Bushs Persönlichkeitswerte und Al

---

92 Römmele, Andrea: Direkte Kommunikation zwischen Parteien und Wählern. Professionalisierte Wahlkampftechnologien in den USA und in der BRD, Wiesbaden 2005, S.44

93 vgl. Brettschneider, Frank: Wahlen in der Mediengesellschaft. Der Einfluss der Massenmedien auf die Parteipräferenz, in: Alemann, Ulrich/Marschall, Stefan: Parteien in der Mediendemokratie, Wiesbaden 2002, S.72

94 Siehe hierzu beispielsweise: Schulz, Winfried: Politische Kommunikation. Theoretische Ansätze und Ergebnisse empirischer Forschung. Wiesbaden 2008, S. 253 sowie Brettschneider, Frank: Wahlen in der Mediengesellschaft, S.73

Gores Sachverstand, die medienübergreifend betont wurden. Trotz eines nachgewiesen äußerst geringen Informationsstandes über die Programmatiken der Kandidaten bewerteten die Wähler nach Umfragen daraufhin Al Gore als den sachlich kompetenteren Mann und Bush als den sympathischeren Kandidaten.[95] Auch die Massenmedien in Deutschland tendieren dazu, in einen Kanon über einen politischen Akteur einzufallen und damit auch sein Image mitzuprägen, was in der Medienwirkungsforschung als "Image Agenda Setting" bezeichnet wird. Die Theorie der Schweigespirale von Noelle Luise Neumann betrachtet dabei den verschärften Fall, dass selbst die Andersdenkenden aus einer grundsätzlichen Isolationsfurcht heraus auf dieses in den Medien dominante Bild einschwenken.[96]

Die Medien können also vor allem das vorhandene Image eines Politikers verstärken. Doch geht damit auch einher, dass die deutschen Parteien zunehmend darauf setzen, ihren Kanzlerkandidaten in den Vordergrund zu stellen? Lässt sich darüber eine Annäherung an US-amerikanische Verhältnisse attestieren? Allein schon die Divergenz der Finanzierungsverfahren in den Wahlkampfphasen der beiden Länder wirkt sich nach Plasser direkt auf den Grad der Personalisierung in Wahlkampagnen aus.[97] Wahlkampfphasen in den USA dauern länger an und werden unter einem weitaus größerem Kostenaufwand betrieben. Dies hängt auch mit der parteienzentrierten Finanzierungsgesetzgebung in Deutschland zusammen, die eine Annäherung an US amerikanische Verhältnisse, bezüglich der massiven Ansammlung privater Spenden, verhindert. Zudem gibt es in Deutschland restriktivere Regelungen der politischen Werbung, *"die eine Übernahme rein kommerzieller Techni-*

---

95 vgl. Adam, Silke: Wahlen in der Mediendemokratie. Die Präsidentschaftswahl 2000 in den USA, Stuttgart 2002, S.77

96 vgl. Schulz, Winfried: Politische Kommunikation, S.62

97 vgl. Plasser, Fritz/Plasser, Gunda: Global Political Campaigning. A Worldwide Analysis of Campaign Professionals and their Practices, Westport 2002, S. 85

ken massiv erschweren."[98] Dass das private Fernsehen in Deutschland Personalisierungs- und vor allem Inszenierungstendenzen seitens der Politik begrüßt und potenziert, steht außer Frage.

> „Der einzelne Kandidat kann heute auch ohne die Unterstützung seiner Parteiorganisation Millionen Wähler direkt erreichen. Auch Außenseiter, die von ihrer Partei eher abgelehnt und/oder gegen den Amtsinhaber zunächst als aussichtslos eingeschätzt werden, besitzen im Zeichen moderner Mediakratie durchaus Erfolgschancen."[99]

Doch das duale Rundfunksystem war nicht der Auslöser hierzu sondern lediglich die geeignete Plattform. Inszenierte, symbolische Politik ist laut Müller generell mehr ein *"klassisches denn ein modernes oder amerikanisiertes Wahlkampfinstrument"*[100] Die zunehmende Relevanz des Fernsehens im Wahlkampf seit den 80er Jahren war eher eine Reaktion auf die veränderte Medienlandschaft im Zuge der Einführung des dualen Rundfunksystems als eine Orientierung an US-amerikanischen Wahlkämpfen.[101]

Die Meinung, in Deutschland existiere ein Trend, Programme zugunsten von Personen zu verschieben und Kandidaten mehr Bedeutung als Parteiapparaten beizumessen, wird von vielen Seiten vertreten.[102] Insbesondere von den Medien selbst. Dabei kann tatsächlich eine fortschreitende Personalisierung der deutschen Wahlkämpfe seit den 80er Jahren, jedoch bei gleichzeitig parteipolitisch geprägter Außendarstellung konstatiert werden.[103] Die Wichtigkeit der Spitzenpolitiker für die

---

98 Wagner, Jochen W.: Deutsche Wahlwerbekampagnen made in USA? S.149

99 Lösche/Von Loeffelholz: Länderbericht USA, Bonn 2004, S.339

100 Müller, Albrecht: Von der Parteiendemokratie zur Mediendemokratie, S.42

101 vgl. Wagner, Jochen W.: Deutsche Wahlwerbekampagnen made in USA? S.391

102 vgl. beispielsweise Marcinkowski, Frank/Greger, Volker: Die Personalisierung politischer Kommunikation im Fernsehen. Ein Ergebnis der Amerikanisierung?, in: Kamps, Klaus: Trans-Atlantik - Transportabel? Die Amerikanisierungsthese in der politischen Kommunikation, Wiesbaden 2000, S.179

103 vgl. Wagner, Jochen W.: Deutsche Wahlwerbekampagnen made in USA? S.199

tatsächliche Wahlentscheidung der Wähler nahm allerdings eher situativ bedingt ab oder zu.[104] Eine Studie von Brettschneider konnte zudem zeigen, dass sich zwischen 1960 und 2000 weder in den USA noch in Deutschland ein Bedeutungsgewinn der nichtpolitischen Eigenschaften der Kandidaten auf die Wahlentscheidung feststellen lässt.[105] Die Inszenierung der Spitzenpolitiker ist laut Müller ebenfalls keine neue Entwicklung. Schon Helmut Kohl ließ seinen Auftritt 1973 auf dem Hamburger Parteitag mit theatralischer Musikuntermalung und anderen gut durchdachten Inszenierungsmethoden aufwerten.[106] Laut Wagner besaßen Bundestagswahlkämpfe desweiteren von Anfang an einen hohen Personalisierungsgrad. Bereits Ludwig Erhard und Konrad Adenauer standen im Wahlkampf deutlich im Mittelpunkt der Medien und wussten diese zu nutzen.[107] Der Kandidateneinfluss auf die Wahlentscheidung der Bürger stieg dabei laut Wagner spätestens seit Willi Brandt 1961 an.[108]

Doch werden charismatische, telegene Politiker auch parteiintern bevorzugt selektiert? Versucht man konkrete Beispiele für entsprechende Spitzenpolitiker in Deutschland zu finden, so ergibt sich ein wesentlich differenzierteres Bild. Gerhard Schröder, der auch nach seiner Regierungszeit noch häufig als Medienkanzler betitelt wurde, ist möglicherweise aufgrund seiner massenmedialen Vermittelbarkeit und der

---

104 vgl. Prem, Klaus P.: Wählerverhalten. Die Bedeutung von Spitzenpolitikern wird überschätzt, http://www.innovations-report.de/html/berichte/studien/bericht/ 11534.html, letzter Zugriff am 22.7.2009

105 vgl. Brettschneider, Frank: Spitzenkandidaten und Wahlerfolg. Personalisierung Kompetenz - Parteien. Ein internationaler Vergleich, Wiesbaden 2002, S.204

106 vgl. Müller, Albrecht: Von der Parteiendemokratie zur Mediendemokratie, S.41

107 vgl. Kellerhoff, Sven - Felix: Wahlkampf. Schon Konrad Adenauer war ein Medienkanzler, http://www.welt.de/kultur/article2308637/Schon-Konrad-Adenauer-war-ein-Medienkanzler.html, letzter Zugriff: 22.7.2008

108 vgl. Wagner, Jochen W.: Deutsche Wahlwerbekampagnen made in USA? S.388

dadurch verstärkten Personalisierung im Wahlkampf gewählt worden.[109] Das "Regieren mit "Bild", "BamS" und Glotze", von dem Schröder laut eigener Aussage Gebrauch machen wollte, und der Ex "Bild"- Redakteur Bela Anda, der unter Schröder Regierungssprecher und Chef des Bundespresseamtes wurde, scheinen diese Vermutung nahezulegen.[110] Insbesondere die bereits angesprochene Tendenz der deutschen Medien zur Selbstthematisierung sowie der resultierende Mediendiskurs über den modernen, amerikanisierten Wahlkampf könnte jedoch die Hochstilisierung Schröders zum Medienkanzler begünstigt haben.

Müller führt, statt des Bundestagswahlkampfes 1998, den parteiinternen Wettstreit zwischen Schröder und Lafontaine als ein Beispiel für die Bedeutung der Medien an, da vor der Entscheidung insbesondere Meinungsführermedien wie "Der Spiegel" und "Die Zeit" die Popularität Schröders häufig betont hätten und er sich daher, trotz der vielen Lafontaine-Sympathisanten, im Parteitag habe durchsetzen können.[111] Schröder und Lafontaine hatten ihren schnellen Aufstieg Ende der achtziger beziehungsweise Anfang der neunziger Jahre beide dem zunehmenden Medieneinfluss zu verdanken, den sie über ihre kommunikative Kompetenz für sich nutzen konnten.[112] Beide präsentierten sich als von den Medien hofierte Einzelgänger, die sich um Parteidogmen weniger kümmerten und eine pragmatische, unkonventionelle Politik betrieben. Schröder konnte sich über diesen Weg auch gegen seinen parteiinternen Rivalen Scharping durchsetzen, der sich aufgrund seines Parteivorsitzes auf die Traditionen, die Gefühlswelt und den Zusammenhalt seiner Partei konzentrieren musste und daher diesem Spiel mit der Medienöffent-

---

109 vgl. Alemann, Ulrich/Marschall, Stefan: Parteien in der Mediendemokratie, S.24

110 vgl. 3.ndr.de/Zapp - Das Medienmagazin: Ein Medienkanzler als Inszenierungskünstler,http://www3.ndr.de/sendungen/zapp/archiv/medien_politik/zapp2500.html, letzter Zugriff am 22.7.2009

111 vgl. Müller, Albrecht: Von der Parteiendemokratie zur Mediendemokratie, S.71

112 vgl. Walter, Franz: Die SPD. Biographie einer Partei, S.208

lichkeit nur wenig entgegensetzen konnte.[113] Zumindest Teilabschnitte in der Karriere deutscher Politiker scheinen also von einem geschickten Umgang mit den Medien beeinflussbar zu sein.

Dass Guido Westerwelle einen neuen Politikertypus repräsentiert, der dem geschickten Zusammenwirken von Medienpräsenz und Zeitgeist seinen Erfolg verdankt, wurde ebenfalls von verschiedenen Seiten vertreten.[114] Doch die Karriere Westerwelles entpuppt sich bei genauerem Hinsehen als klassischer Aufstieg. Sie folgte dem "Drehbuch", nach dessen Muster auch andere Politiker ihren Aufstieg seit Jahrzehnten bewerkstelligen:

> "Führungspositionen in der Nachwuchsorganisation der Partei, welche zum Aufbau von Netzwerken und Seilschaften führen, die später die notwendige Unterstützung sichern; Gremien- bzw. Programmarbeit, die zum einen mit dem Innenleben der Partei vertraut machen und die außerdem zur Folge haben, dass die Partei in eine Richtung gelenkt wird, die am besten mit der eigenen Person in Konkordanz zu bringen ist. Im weiteren Verlauf setzt Westerwelle keineswegs auf die mediale Provokation gegen das eigene innerfreidemokratische Juste Milieu, sondern arbeitet geräuschlos und geduldig am Aufbau seiner innerparteilichen Mehrheit."[115]

Jürgen Möllemann, der ebenfalls häufig als sogenannter Medienpolitiker angeführt wird, zeigte dagegen laut Walter spätestens im Wahlkampf in Nordrhein Westfalen 2000, wie ein personalisierter Wahlkampf über die Medien, der die Partei samt ihrer Inhalte in den Hintergrund rückt, geführt werden kann.[116] Es bleibt jedoch fraglich, ob sich eine politische Karriere im Stile Möllemanns auch in der CDU oder der SPD realisieren ließe. Möglicherweise erhalten Außenseiter über die Medien grundsätz-

---

113 vgl. Walter, Franz: Die SPD. Biographie einer Partei, S.222

114 vgl. Walter, Franz/Lütjen,Torben: Medienkarrieren in der Spaßgesellschaft? Guido Westerwelle und Jürgen W. Möllemann, In: Alemann, Ulrich/Marschall, Stefan: Parteien in der Mediendemokratie, Wiesbaden 2002, S.397

115 Walter, Franz/Lütjen,Torben: Medienkarrieren in der Spaßgesellschaft? S. 415

116 vgl. ebd. S.416

lich eher eine Chance, sich zu etablieren, als die Mitglieder der großen Parteien. Ein Beispiel hierfür war der Sieg von Ronald Schill mit seiner Partei Rechtsstaatlicher Offensive 2001 in Hamburg. Die ausführliche Mediendebatte über die Schill Partei und die Unterstützung der Partei, vor allem von der Zeitung Bild, ermöglichte vermutlich erst deren Wahlerfolg.[117]

Der viel diskutierte Verlust von Themen und Inhalten im Wahlkampf, der parallel zu der zunehmenden Personalisierung stattgefunden haben soll, trifft dabei selbst auf die stark personalisierten und inszenierten Wahlkämpfe in den USA nicht zu.

> "Nirgendwo sonst blüht eine solche Landschaft von Think Tanks und Beratungsinstitutionen, die bis in die kleinsten Details über Politikfeldern brüten und an Empfehlungen meißeln. Die Aktivitäten dieser Policy Extremisten stehen im scharfen Kontrast zur Showbühne des amerikanischen Wahlkampfes."[118]

2.3 Abschließende Diskussion

Das Vorkommen in der regulären Berichterstattung der Medien hat für die heutigen Politikeliten erhöhte Priorität, um die Bürger zu erreichen. Denn die direkte Kommunikation mit dem Wähler ist mit der Schwächung der Parteibasen und dem Abbau der Mitgliederzahlen stark zurückgegangen.

> "Die Selbstvermittlung, eine Markenbildung und das (Medien-)Image gewinnen für politische Akteure immer mehr an Bedeutung."[119]

Durch diese über die Medien erzeugte Top Down Kommunikation wird die Position der Spitzenpolitiker gegenüber der Parteibasis gestärkt und

---

117 vgl. Alemann/Marschall: Parteien in der Mediendemokratie, S.33

118 Strünck, Christoph: Where is the party? US - amerikanische Parteien im Strudel der Kommunikation, S.316

119 Balzer/Geilich/Rafat: Politik als Marke, S.10

die innerparteiliche Kommunikation gestört. Häufig präsentieren die Medien die politische Sphäre zudem als einen geschlossenen Zirkel aus Parteiprominenten und Entscheidungsträgern, einer parteiübergreifend prominenten Politikelite, auf die sie auch zwischen den Wahlkampfphasen ihre Scheinwerfer ausrichten und deren individuelle Bewertung im Verlauf der Berichterstattung über ihre politische Arbeit in beide Richtungen ausschlagen kann. Die Parteispitzen können dadurch an Bedeutung gewinnen und zunehmend Entscheidungen durch den Gang an die Öffentlichkeit erleichtern. Es entsteht der Eindruck, dass ein charismatisches Auftreten in der Medienöffentlichkeit das wichtigste Kriterium für aufstrebende Politiker darstellt. Überspitzt formuliert könnte man durch den daraus resultierenden Machtgewinn der Politikeliten von einer Entparlamentisierung und einer Zuschauerdemokratie sprechen.[120] Was jedoch dem aufmerksamen Medienrezipienten, der die Politik als eine Art Star System wahrnimmt, hochplausibel erscheint, entpuppt sich auf empirischer Basis zumindest als fragwürdig.[121] Die Medienprominenz hat die politische Kompetenz keinesfalls ersetzt sondern hat lediglich an Bedeutung gewonnen.[122] Das Bild, das die Medien von der Politik entwerfen, beschreibt zwar einen kleinen Kreis von Machtzirkeln und Koalitionsrunden, die die wichtigen Entscheidungen unter sich ausmachen. Doch der Aktualitätszwang und die Fragmentierung der Medien wirken zugleich gegen diesen Trend, denn sie geben der von ihnen ins Scheinwerferlicht gerückten Parteiprominenz kaum die nötige Zeit, um Führungsstärke zu entfalten und ein entsprechendes Image in der Bevölkerung zu erzeugen. Die permanente Beobachtung des prominenten Politikerzirkels durch die Medien hat dafür gesorgt, dass vermeintliche Schwächen und Fehlentscheidungen schneller und breiter diskutiert werden, wodurch der Rückhalt in der Partei gefährdet wird. Diese ge-

[120] vgl. Jörges, Hans - Ulrich: Das entmündigte Volk, in: Stern 31/2009, S.52

[121] vgl. Sarcinelli, Ulrich: Elite, Prominenz, Stars?, S.70

[122] vgl. ebd. S.69

genläufigen Entwicklungen werden auch in den deutschen Politikwissenschaften immer wieder diskutiert. Einigkeit besteht darüber bislang nicht.[123] Zu diesem Schluss kommt auch Sarcinelli:

> "Widersprüchlich erscheint die Entwicklung dadurch, dass die politischen Eliten einerseits in der "Mediendemokratie" einen Bedeutungszuwachs erfahren, in der Verhandlungsdemokratie hingegen Handlungssouveränität einbüßen und damit einen politischen Bedeutungsverlust wahrnehmen müssen."[124]

Mit der These von der Personalisierung und Amerikanisierung der politischen Kommunikation durch den Bedeutungszuwachs der Medien muss also äußerst vorsichtig umgegangen werden.

Auf eine Politik, die sich an der Medienlogik und Ästhetik orientiert, reagieren deutsche Medien und Rezipienten zudem misstrauischer als US-Amerikaner, für die zumindest bei der Präsidentenwahl diese Art der personellen Inszenierung akzeptierte und dem basisdemokratischen Wahlsystem geschuldete Tradition ist. Dieses Misstrauen zeigt sich an den teilweise gespaltenen Reaktionen der Medienöffentlichkeit auf pathetisch inszenierte Parteitage, der negativ aufgeladenen Debatte der Medien über medial inszenierte, amerikanisierte oder auch personalisierte Wahlkämpfe, und an dem fehlenden Vertrauen der Bevölkerung in die Parteien im Allgemeinen. Es ist anzunehmen, dass die traumatischen Erinnerungen der Deutschen an den Politikstil im Nationalsozialismus die ablehnende Haltung gegenüber einer inszenierten und emotionalisierten Politik noch weiter verstärken.

> "Die politische Klasse in Deutschland hat ein Imageproblem. Immer größere Teile der Bevölkerung halten Politik für Showbusiness, ein Geschäft der Selbstvermarktung."[125]

---

123 Walter, Franz: Charismatiker und Effizienzen, S.379

124 Sarcinelli, Ulrich: Elite, Prominenz, Stars?, S.63

125 Balzer/Geilich: Politische Kommunikation in der Gegenwartsgesellschaft, S.22

Mit der personalisierten, inszenierten politischen Kommunikation über die Medien hat sich also durch die zunehmende Metaberichterstattung und die Medienkompetenz der Bürger parallel eine feinere Antenne für diese Art der Selbstvermarktung entwickelt. Desweiteren finden sich in Deutschland noch immer kaum Beispiele für eine reine Karriere als Medienpolitiker.

> "Ein endgültiges Urteil darüber, ob die Medien zum entscheidenden Beweger politischer Karrieren geworden sind, ist daher nicht eindeutig möglich. Offensichtlich ist parallel und mehr noch als Mischform beides möglich und nötig: Die ganz altmodische Ochsentour und die tatsächliche Medienkarriere, in der es auf Patronagestrategien, Seilschaften und die Größe der Hausmacht weniger als einst ankommt [...]"[126]

Wenn man dabei den Blick auf die Kanzlerkandidaten der beiden großen Volksparteien verengt, so ist eine reine Medienkarriere vermutlich noch weniger wahrscheinlich. Vor allem aber ist mit dem Bedeutungsgewinn der Medien kein Bedeutungsverlust der Parteien einhergegangen. Noch immer müssen sich Politiker, trotz der personenfokussierten Berichterstattung der Medien, als Vertreter ihrer Partei präsentieren. Die Führungsqualitäten in kooperativen Bündnissen, also insbesondere in Parteibündnissen wie der Großen Koalition, definieren sich in erster Linie durch Moderation und Anpassungsfähigkeit, nicht durch besondere Botschaften und programmatische Stringenz.[127]

Ein visionär erscheinender Politiker wie Barack Obama, der neben der Vertretung seiner Partei eine symbolische und sinnstiftende Funktion erfüllen wollte, parteienübergreifende Botschaften aussendete, dadurch einen großen Teil der Wechselwähler und Nichtwähler mobilisierte und fast losgelöst von seiner politischen Partei für sich werben konnte, hätte es in Deutschland heute noch schwerer als noch vor einigen Jahren, sich in den zunehmend verengten Rekrutierungskanälen durch-

---

126 vgl. Walter/Lütjen: Medienkarrieren in der Spaßgesellschaft? S.416

127 vgl. ebd. S.404

zusetzen. Nicht nur, weil die Parteien über ihre Selektionsmechanismen zunehmend genormte, hoch spezialisierte Politikertypen hervorbringen und dabei aufgrund der sinkenden Mitgliederzahlen eine immer geringere Auswahl haben, sondern auch, weil sich bestimmte Eigenschaften im Zuge der zeitraubenden Ochsentour durch die Parteietagen abschleifen. Die Kanzlerkandidaten, die die Selektionsmechanismen vor der elektoralen Phase bereits durchlaufen haben und somit meist zum Parteienestablishment gehören, treffen im Wahlkampf durch ihre jahrelange politische Arbeit im Lichte der Medienöffentlichkeit auf ein bestehendes Image. Da insbesondere die deutschen Parteien laut Umfragen kein großes Vertrauen in der Bevölkerung genießen,[128] ist davon auszugehen, dass sich diese Zugehörigkeit zum parteipolitischen Establishment gegenwärtig sogar negativ auf die öffentliche Wahrnehmung im Wahlkampf auswirkt. Ein deutscher Kanzlerkandidat kann sich kaum als charismatischer Volkstribun mit sinnstiftender, übergreifender Botschaft verkaufen, wie es Barack Obama getan hat. Spitzenkandidaten stoßen auf parteipolitisch eingefärbte Images in der Medienöffentlichkeit und der Wählerschaft, und ein plötzlicher Imagewandel könnte jeden Anschein von Authentizität zerstören.

Man kann also nicht davon sprechen, dass der Bedeutungsgewinn der Medien als Bestandteil der politischen Kommunikation zu der Tendenz geführt hat, dass Politiker aufgrund charismatischer, telegener Eigenschaften innerparteilich bevorzugt selektiert werden. Die klassischen Massenmedien besitzen zwar die Darstellungshoheit auf der politischen Bühne und können die Politikeliten im Wahlkampf in einem anderen Licht erscheinen lassen. Doch auf den innerparteilichen Werdegang haben sie kaum Einfluss.

---

[128] DDP/DPA/AP/DCS(o.V.): Umfrage: Die Deutschen vertrauen den Parteien nicht mehr.

"Die Medien haben keine Prominenz an einer bestehenden Bereichselite vorbeiproduziert sondern auf eine ausgewählte Bereichselite zurückgegriffen, die aus dem politischen System hervorgegangen ist."[129]

[129] vgl. Bieber, Christoph: Vom Medien- zum Multimediapolitiker? Alte und neue Medien als Resonanzboden für politische Karrierewege, in: Alemann, Ulrich/Marschall, Stefan: Parteien in der Mediendemokratie, Wiesbaden 2002, S.214

3. Die Obama-Bewegung - Ein US-amerikanisches Phänomen?

In diesem Abschnitt bildet nicht mehr Barack Obama selbst den Untersuchungsgegenstand, sondern die aktive Unterstützung der freiwilligen Helfer, das sogenannte "Obama Movement." Eine grundsätzliche Vorüberlegung war dabei, dass diese Bewegung in erster Linie aus drei verschiedenen Aspekten resultierte. Obamas visionäre, emotionale Reden und Botschaften, sein moderner Internetwahlkampf und ein bestehender Wille zum politischen Wandel in der US-amerikanischen Bevölkerung, der das Aufkommen einer solchen politischen Bewegung begünstigte. Dabei wird hinterfragt, ob eine solche Konstellation und der Versuch der Initiierung eines solch aktiven Engagements auch in Deutschland auf fruchtbaren Boden fallen würden.

3.1 Die kollektivierende Botschaft als Antwort auf einen Willen zum politischen Wandel

Insbesondere die ausgefeilten Reden Obamas und seine kampagnenübergreifenden, aus deutscher Sicht pathetischen, Botschaften an die US-Amerikaner, wurden auch hierzulande von den Bürgern begeistert aufgenommen. Dabei wird von Beginn an unterstellt, dass während der elektoralen Phase eine entsprechende Stimmung in der US-amerikanischen Bevölkerung vorherrschte, die den Nährboden für Obamas visionäre Botschaften lieferte. Die hiesigen Spitzenpolitiker wirken dagegen in ihren parteipolitisch eingefärbten Wahlkampfreden weitaus nüchterner. Der Wille zum politischen Wandel in den USA und die Botschaft Obamas, die die politische Antwort darauf bildete, werden daher im Folgenden genauer untersucht. Anschließend wird zu beiden Aspekten ein Äquivalent in Deutschland gesucht, um herauszufinden, ob die visionären, emotionalen Botschaften Obamas eine Vorbildfunktion für Deutschland ausüben könnten.

3.1.1 USA

Einer der wichtigsten Gründe für den Erfolg Barack Obamas war, dass er eine bereits vorhandene, negative Grundstimmung in der US-amerikanischen Gesellschaft erkannte, und die eigene Botschaft darauf anpassen konnte. 75 Prozent der Wähler sahen die USA vor der Wahl auf dem falschen Kurs, was 2004 nur 46 Prozent über ihr Land und ihre Regierung behaupteten. Während jedoch McCain-Wähler insbesondere seine Erfahrung und Wertvorstellungen hoch bewerteten, verband die Wählerschaft von Barack Obama mit ihrem Kandidaten Aufbruch und Wechsel (59 Prozent) und nur sieben Prozent sagten dasselbe von McCain.[130] Vor vier Jahren, als George W. Bush gegen seinen Herausforderer John Kerry gewann, beurteilten nach einer Analyse von Edison/Mitofsky und der Forschungsgruppe Wahlen des ZDF 47 Prozent der US-Amerikaner die wirtschaftliche Lage als gut oder sogar sehr gut, jetzt waren es nur noch sieben Prozent.[131] Hinzu kam das negative Image der Regierung Bush, dass, neben vielen weiteren Ursachen, aus der anhaltend schlechten wirtschaftlichen Entwicklung im Land,[132] der

---

130 vgl. Alexander, Dietrich: Jung, weiblich, schwarz – das sind Obamas Wähler, http://www.welt.de/politik/article2685771/Jung-weiblich-schwarz-das-sind-Obamas-Waehler.html, letzter Zugriff: 22.7.2009

131 vgl. ebd.

132 vgl. Augsburger-allgemeine.de: US-Konjunktursorgen verstärken sich, http://www.augsburger-allgemeine.de/Home/Nachrichten/Wirtschaft/Artikel,-US-Konjunktursorgen-verstaerken-sich-_arid,1143802_regid,2_puid,2_pageid,4557.html, Letzter Zugriff: 22.7.2009

sinkenden Zustimmung zum Einsatz im Irak[133] und dem mangelhaften Krisenmanagement nach dem Hurrikan Katrina[134] resultierte. Die Zustimmungsraten des Präsidenten lagen laut Umfragen gegen Ende bei unter 30%.[135] Auch eine allgemeine Politikverdrossenheit war zuletzt deutlich erkennbar.

> *"Amerika war müde von den politischen Grabenkämpfen, die von ideologisierten Interessengruppen und den Eliten der Republikanischen und Demokratischen Partei immer wieder aufs Neue entfacht wurden. Die Negativität von Kampagnen hatte im Kongresswahlkampf einen unrühmlichen Höhepunkt erreicht, als beide Parteien weniger an den Themen, als vielmehr an den charakterlichen Schwächen der gegnerischen Kandidaten interessiert zu sein schienen."*[136]

Hinzu kamen *"Wertedebatten über Abtreibungen, Stammzellenforschung oder Homo-Ehe."*[137] Die anhaltende Politikverdrossenheit im Land war also nicht nur Folge falscher politischer Entscheidungen, sondern resultierte auch aus dem öffentlichen Habitus des politischen Establishments. Die Kenntnis dieser Stimmung in der Bevölkerung war einer der Gründe, weshalb der wichtigste Oberbegriff für Obamas Kampagne "Change" wurde. Durch seinen ungewöhnlichen Werdegang, sein Alter, seine Hautfarbe, seine Herkunft und seine selbst für amerikanische Verhältnisse kurze politische Karriere stand die Person Barack Obama für sich allein bereits für diesen politischen Wechsel. Mit Aussagen wie: *"This is the moment!"* und *"This is the time!"* befeuerte er den

---

133 DPA/RED/EPD/NM: Enttäuschung über Irak-Krieg wächst, http://www.lr-online.de/nachrichten/Fuenf-Jahre-Irakkrieg-Irak-USA-Bush-Terrorismus;art56867,1976255, letzter Zugriff: 22.7.2009

134 vgl. Spiegel-Online.de: Hurrikan-Krise: Bush verliert an Zustimmung, http://www.spiegel.de/panorama/0,1518,374195,0.html, Letzter Zugriff: 22.7.2009

135 vgl. Plehwe, Kerstin/Bohne, Maik: Von der Botschaft zur Bewegung, S. 38

136 Plehwe, Kerstin/Bohne, Maik: Von der Botschaft zur Bewegung, S.37

137 ebd. S.40

vorhandenen Veränderungswillen vieler US Bürger.[138] Doch es zeigt sich in diesen Slogans auch bereits der Mitmachaspekt in Obamas Wahlkampfstrategie. Indem er besonders in seinen Reden direkt mit dem Publikum agierte und sie zum gemeinsamen politischen Aufbruch animierte, betonte er die Notwendigkeit der Zusammenarbeit aller US-Amerikaner. Das vermittelte den Zuhörern ein Gefühl von Gemeinschaft und die damit verbundene Hoffnung, dass sie selbst etwas bewegen können. Dies zielte letztlich auf die Initiierung einer aktiven Bewegung ab, welche in Abschnitt 3.2 noch genauer untersucht werden soll.

Obama machte sich in seinen Äußerungen jedoch vor allem die verbreitete Sehnsucht nach einem nationalen und harmonischen Einheitsgefühl zunutze und präsentierte sich von Anfang an als derjenige der, statt dem verbreiteten "Negative Campaigning" seiner politischen Gegner, auf Zusammenhalt und nationale Eintracht setzte. Dies verwob er geschickt mit Rückgriffen auf symbolisch aufgeladene Orte, Personen und geschichtliche Ereignisse, um seine Botschaft zu unterstreichen. Um eine nationale Wahl in den föderal strukturierten, gesellschaftlich fragmentierten USA zu gewinnen, muss in Präsidentschaftswahlkämpfen eine gemeinschaftliche Werteklammer gefunden werden. Angesichts der, selbst im Deutschlandvergleich, immer geringeren Wahlbeteiligung, der zunehmenden Tendenz zum "Ticket Splitting", bei dem die Wähler Präsidentschaftskandidaten und Anwärter auf Kongressmandate aus unterschiedlichen Parteien wählen sowie der sinkenden Parteienidentifizierung der Wähler,[139] war eine solche Werteklammer im Jahr 2008 noch bedeutsamer als in früheren Wahlkämpfen.

Insbesondere die ausgefeilten Reden Obamas und seine kampagnenübergreifenden Botschaften an die Wahlbürger wurden häufig symbolisch aufgeladen, indem auf gemeinsame Wertvorstellungen und Tra-

---

[138] vgl. Ehmunds, Corinna: Obama in Berlin. Große Träume eines Weltverbesserers

[139] vgl. Lösche/Von Loeffelholz: Länderbericht USA, S.335

ditionen angespielt wurde. In diesem Zusammenhang lässt sich auch der Begriff der US-amerikanischen Zivilreligion verorten.

> „Dieser kontinuierlich auftretende Rekurs auf biblische Archetypen und religiöse Motivlagen bildet ein Muster aus öffentlichen Glaubenssätzen, Symbolen und Ritualen, das Robert N. Bellah [...]„Zivilreligion genannt hat.“[140]

Sie verleiht dem Bereich von Politik und Öffentlichkeit eine quasireligiöse Dimension. Religion hat im öffentlichen Leben der USA einen grundsätzlich höheren Stellenwert. Anders als in den weitestgehend säkularisierten Gesellschaften Westeuropas bewerten die meisten US-Amerikaner die Politik nach religiösen Maßstäben und erhoffen sich dadurch eine positive Wirkung auf das öffentliche und soziale Leben.[141] Daneben fallen auch geschichtliche Ereignisse und Personen unter den Begriff der Zivilreligion. Der amerikanischen Verfassung, der Unabhängigkeitserklärung und den Gründungsvätern und Führungsfiguren wie beispielsweise Lincoln, Washington und King wird eine kollektive Verehrung entgegengebracht, die ebenfalls als Teil der Zivilreligion beschrieben werden kann und die das öffentliche Reden und Handeln prägen. Zum traditionellen Selbstverständnis der US-Amerikaner gehört außerdem *"[...] das Bewusstsein eine neue Gesellschaft zu repräsentieren, in der das „amerikanische Experiment“ stets erneuert wird. Teil dieses Amerikanismus ist zudem der Mythos von Freiheit und individuellem Fortkommen, der sich in dem Zusammenhang von Arbeit, Leistung und Erfolg ausdrückt."*[142] Die bekannte Legende des Tellerwäschers, der zum Millionär avanciert, sowie das Selbstverständnis der US-Amerikaner eine, in Abgrenzung zum alten Europa, junge und einzigartige Form der Demokratie zu bilden, ist integraler Bestandteil des amerikanischen Nationalstolzes.

---

140 Lösche/Von Loeffelholz: Länderbericht USA, S.291

141 vgl. ebd. S. 302

142 ebd. S.293

Barack Obama nutzte die Sehnsucht nach diesem US-amerikanischen Wertekanon, die zu diesem Zeitpunkt angesichts der bestehenden Unzufriedenheit mit der Politik des Landes vermutlich noch stärker ausgeprägt war, geschickt aus. Religiöse Bezüge in Obamas Sprache waren häufige Stilmittel: *"Der Glaube an das, was man nicht sieht [...] ich bin der Hüter meines Bruders [...] ich bin der Hüter meiner Schwester."*[143] Gerade der große Wahlerfolg bei den religiösen Gruppen des Landes gab ihm diesbezüglich recht. In den journalistischen Kreisen aller Welt wurde häufig von einem fast messianischen Auftreten gesprochen. Durch Verweise auf seine Familie und Pearl Harbor, General Pattons Armee und die Arbeit an der Heimatfront spannte er in seinen vielbeachteten Reden einen persönlichen Bogen zu geschichtsträchtigen Ereignissen. Bei seinen öffentlichen Auftritten präsentierte Obama seinen Werdegang häufig als typisch amerikanische Geschichte. Er sprach von Einwanderern, harter Arbeit und dem amerikanischen Traum.[144] Seine Kandidatur kündigte Obama 2007 im Kapitol in Springfield an. Damit bezog er sich auf Abraham Lincoln, der ebenfalls von hier aus ausgezogen war und für alle Amerikaner einen Präsidenten darstellt, der für den Zusammenhalt der Nation steht.[145] Als weiteres Beispiel in diesem Zusammenhang ließe sich Obamas Rede in Berlin anführen, die ursprünglich am geschichtsträchtigen Brandenburger Tor gehalten werden sollte und als ein Bezug auf sein oft zitiertes Vorbild John F. Kennedy gewertet werden könnte.

Die gemeinschaftliche, symbolträchtige Geschichte und die religiösen Anleihen eigneten sich also dazu, abseits der konkreten policies seiner Kampagne, genutzt zu werden, um sich als traditionsbewusster Politiker zu präsentieren und die kollektivierenden Energien der Wähler-

143 vgl. Leanne, Shel: Sag's wie Obama. Austrahlung, Rhetorik und Visionen des neuen US Präsidenten, Wien 2009, S.36

144 vgl. ebd. S.35

145 vgl. VW/BEU(o.V.): Obama-Kandidatur: Ikarus findet seine Flughöhe, http://www.sueddeutsche.de/politik/365/302361/text/, letzter Zugriff: 22.7.2009

schaft heraufzubeschwören. Es zeigt sich bereits hier, wie geschickt Obama damit gleich mehrere Ziele vereinte. Er konnte sich als traditionsbewusster Normalbürger darstellen, gleichzeitig die vorhandene Sehnsucht nach einem nationalen Einheitsgefühl bedienen und sich über die Bezugnahme auf eine harmoniestiftende Vergangenheit gegenüber den, zu diesem Zeitpunkt vorherrschenden, Grabenkämpfen in der Politik positionieren. Auch seine Wahlkampfslogans "Unity" und "Change" " konnte er dadurch symbolträchtig aufladen. Gleiches gilt für den Mythos des amerikanischen Traums, den er über den Begriff "Hope" direkt mit seinem Wahlkampf verband.[146]

3.1.2 Deutschland

In Deutschland ist seit Jahren ist eine grundsätzliche Unzufriedenheit mit den politischen Parteien auszumachen.[147] Auch die Zahl der Wechselwähler nimmt zu. Bei der Bundestagswahl 2005 haben laut Richard Hilmer von Infratest-Dimap 29 Prozent der Wähler ihre Entscheidung erst in der letzten Woche oder am Wahltag getroffen.[148] Die Umfragewerte der SPD und auch der CDU sind in den letzten Jahren häufig beklagt worden und sind zurzeit insbesondere für die SPD auf einem sehr niedrigen Stand.[149] Natürlich wird auch hierzulande eine bestehende Unzufriedenheit der Bevölkerung mit politischen Entscheidungen und sozialen Missständen konsequent ausgenutzt, denn es liegt in der Logik von Wahlkämpfen, dass die vermeintlichen Fehler der bestehenden Regierung zu Wahlkampfthemen der Opposition gemacht werden und ein-

---

146 vgl. Plehwe, Kerstin/Bohne, Maik: Von der Botschaft zur Bewegung , S.40ff

147 vgl. Graw, Ansgar: Parteien in tiefer Vertrauenskrise.

148 Focus.de: Unionsabsturz. Demoskopen geben Merkel Schuld, http://www.focus.de/politik/deutschland/neuwahl2005/cdu-schlappe_aid_99356.html, letzter Zugriff: 22.7.2009

149 Zicht, Wilko/Cantow, Matthias: Sonntagsfrage Bundestagswahl, http://www.wahlrecht.de/umfragen/index.htm, letzter Zugriff: 22.7.2009

dringlich für einen Wechsel plädiert wird. Der moderne und zukunftsgerichtete Anstrich, den sich die SPD 1998 über ihr offizielles Bekenntnis zu amerikanisierten Wahlkampftechniken verpasste, sowie die damalige Tendenz zur Personalisierung könnten beispielsweise als Versuche verstanden werden, einen temporär bestehenden Willen zum Wandel in der Bevölkerung, mit der politischen Botschaft von Erneuerung und Modernität aufzugreifen. Durch die lange Regierungsphase von Helmut Kohl waren ein spürbarer Überdruss und der Ruf nach einem Wechsel in der Wahlbevölkerung laut geworden.[150]

Doch es zeigt sich momentan eher ein grundsätzliches Misstrauen in die parteipolitische Sphäre und keine konkrete Unzufriedenheit mit einer speziellen Regierung. Es lässt sich kein so eindeutiges Feindbild kreieren, wie dies im US-Wahlkampf bezüglich der Regierung Bush geschehen ist. Eher könnte man den deutschen Wählern eine gewisse Ratlosigkeit und Deutschland eine Alternativlosigkeit auf dem politischen Parkett attestieren. Trotz der globalen Finanzkrise, die zu gravierenden politischen Entscheidungen geführt hat und an deren Handhabung sich die deutschen Spitzenpolitiker unter anderem im kommenden Wahlkampf messen lassen müssen, kann man für die momentane Stimmungslage in Deutschland nicht von einem unbedingten Willen zum Wechsel oder einer Krisenstimmung in der Bevölkerung sprechen. Bei der Wahl 2009 wird es für die deutschen Wähler zudem noch schwerer CDU und SPD anhand ihrer Regierungsarbeit zu bewerten, da sie aus Sicht des durchschnittlich aufmerksamen Wählers die Entscheidungen gemeinschaftlich als Große Koalition getroffen haben. Es fehlt also an einer vergleichbaren innergesellschaftlichen Polarisierung, weshalb auch eine Orientierung der deutschen Kanzlerkandidaten an Obamas Wahlkampfrhetorik zumindest bei der Bundestagswahl 2009 keinen vergleichbaren Nährboden hätte.

---

150 vgl. Müller, Albrecht: Von der Parteiendemokratie zur Mediendemokratie, S.42

Doch gibt es für die deutschen Parteien überhaupt ein funktionierendes Äquivalent zu den US-amerikanischen, symbolisch aufgeladenen Geschichts- und Religionsbezügen, um einen Wahlkampf auf ähnliche Weise emotional aufzuladen?

Obama konnte, statt einer explizit parteipolitischen Botschaft, durch den Rekurs auf allgemeine öffentliche Glaubenssätze, Symbole und die gemeinsame Vergangenheit das in Krisenzeiten verstärkte Bedürfnis nach Sinn und Harmonie stiftenden Themen bedienen. Doch ein solcher alternativer, parteienunabhängiger und übergreifender Wertekonsens, der sich dazu eignet, als politische Botschaft im Wahlkampf instrumentalisiert zu werden, ist in Deutschland gegenwärtig von den Kanzlerkandidaten nicht vertretbar. Weder die gemeinsame Vergangenheit, noch der Bezug auf christliche und moralische Werte könnten in Deutschland eine ähnlich starke, kollektivierende Wirkung erzielen, da hierzulande kein Äquivalent zu dem spezifischen Nationalverständnis und der Zivilreligion der US Amerikaner existiert. Zudem ist man diesbezüglich mit dem Vorwurf des Populismus, der Sozialromantik oder der politischen Naivität in der kritischen deutschen (Medien-)Öffentlichkeit wesentlich schneller bei der Hand.[151] Nicht zuletzt ist man in Deutschland auch aufgrund der Erfahrungen mit dem Nationalsozialismus besonders sensibel und vorsichtig, wenn es um Emotionen und Gefühle, um Massenbegeisterung und simplifizierende Botschaften in der öffentlichen Sphäre geht. Auch die öffentliche Wahrnehmung der deutschen Spitzenpolitiker als Vertreter ihrer Partei verhindert einen solchen emotionalisierten Apell an gemeinschaftliche Werte. Denn komplexe Organisationen wie die SPD und die CDU, die ein besonders heterogenes Sammelbecken von Interessen repräsentieren, können, verglichen mit Barack Obama, weder dasselbe Maß an Konsistenz, noch eine vergleichbare Geschlossenheit vermitteln.

---

[151] Siehe dazu auch Abschnitt 2.2.1 in dieser Studie

Aufgrund verschiedener gesellschaftlicher und politischer Entwicklungen lässt sich auch aus den traditionellen Weltanschauungen und Ideensystemen von CDU und SPD keine sinnstiftende, emotionale und übergreifende Botschaft mehr destillieren.

> "Der Charme großer Prinzipien- und Ideensysteme scheint in allen Milieus verflogen [...] Überhaupt scheinen die Komplexitäten derart zugenommen zu haben, dass die gesellschaftliche Vielfalt nicht mehr durch die eine große Erzählung zu bändigen wäre."[152]

SPD und CDU/CSU waren in der Vergangenheit immer Repräsentanten großer homogener sozialkultureller Lager. Ideologische, beziehungsweise weltanschauliche Verbindlichkeit spielte dort eine große Rolle. Linke und rechte, konservative und liberale Positionen haben sich jedoch mit den Jahren in den westeuropäischen Parteien tendenziell abgeschliffen, und der liberale Konsens wird stärker.[153] Die Zeit der klassischen Milieus ist vorbei.[154]

> "Die Parteien – vor allem die neue, mittig gewendete SPD – sind insofern lediglich ein Spiegel der individualistischen, aus allen traditionsgestifteten Bindungen gelösten Gesellschaft geworden. Die Politik ist so unstrukturiert wie die Gesellschaft inzwischen insgesamt. Die meisten Menschen sind weder richtig links noch dezidiert rechts, sie sind ein bisschen liberal, ein bisschen sozial, ein bisschen ökologisch und zuweilen auch ein bisschen spirituell – christlich gestimmt. Folge der individualisierten Gesellschaft ist eine inkonsistente Politik."[155]

Spätestens im Wahlkampf können die Kanzlerkandidaten von CDU und SPD jedoch trotz dieser zunehmend inkonsistenten, unstrukturierten Politik, nicht auf den Rekurs auf sozial- bzw. christdemokratische Wurzeln

---

152 Walter, Franz: Baustelle Deutschland, S.29

153 vgl. Lösche, Peter: Die vereinigten Staaten von Amerika – Innenansichten, S.178

154 vgl. Walter, Franz: Die ziellose Republik – Gezeitenwechsel in Gesellschaft und Politik, Köln 2006, S.183

155 Walter, Franz: Die ziellose Republik, S.184

verzichten. Noch immer bildet der Appell an traditionelle Wertvorstellungen aus der eigenen Parteigeschichte häufig die einzig verbliebene emotionale Würze in deutschen Wahlkämpfen. Die Kanzlerkandidaten von SPD und CDU/CSU sind weiterhin in erster Linie Vertreter ihrer Partei und müssen sich trotz dieser zunehmenden Ratlosigkeit von den anderen Parteien im Wahlkampf abgrenzen, um das eigene Profil kurzfristig wieder zu schärfen. Dies ist auch zukünftig notwendig, da man dem verbliebenen Kern von Stammwählern und Parteimitgliedern gerecht werden muss.

> "Gerade in der Parteibasis, den Ortsvereinen und Verbänden sind noch nicht alle Reste ausgetilgt, die an den innerweltlichen Kirchencharakter einstmaliger Gesinnungs- und Weltanschauungsparteien erinnern. Innerhalb der Parteibasis stiftet die expressive Kommunikationslogik eine Gesinnungsidentität und wirkt stabilisierend."[156]

Die großen Volksparteien müssen heute also einer höchst ambivalenten Stimmung in der Öffentlichkeit gerecht werden. Einerseits müssen sie sich als Partei, angesichts des verbreiteten Vorwurfs der Verwässerung ihres Profils, durch Abgrenzung immer wieder neu im Parteiengefüge positionieren. Andererseits müssen sie auf die genannte Entwicklung reagieren, dass sich die großen, homogenen, sozialkulturellen Lager in einer individualisierten Gesellschaft verflüchtigt haben, wodurch der Druck, möglichst viele individuelle Interessen gleichzeitig zu vertreten, stetig anwächst.

> "Die Individualisierung destabilisiert das Großparteiensystem von innen her, weil sie Parteibindung enttraditionalisiert, entscheidungsabhängig oder [...] herstellungsabhängig macht, was bei der Zersplitterung der Interessen, Meinungen und Themen dem Versuch gleichkommt, einen Sack Flöhe zu hüten"[157]

---

[156] Wiesendahl, Elmar: Parteienkommunikation parochial, S. 366

[157] Beck, Ulrich: Die Erfindung des Politischen, Frankfurt/M 1993, S.223

Doch auch der deutschen Gesellschaft werden zunehmend Tendenzen attestiert, die von einer solchen Politik kaum bedient werden können. Die Soziologie bemerkt eine Reorientierung zahlreicher Menschen an Kohäsions-, Ordnungs- und Gemeinschaftswerten. Politologen konstatieren ein Bedürfnis auch gebildeter Bürger nach einfachen politischen Lösungen, und die Zukunfts- und Trendforscher melden einen erhöhten Bedarf an Sinn, Identität und an heilstiftenden Gewissheiten.[158] Eine erneuerte politische Bewegung, die aus innerparteilichen Strömungen hervorgeht, und die dieses Bedürfnis bedienen könnte, ist nur schwerlich zu entdecken. Auch die SPD kann derzeit ihrem Kanzlerkandidaten, der theoretisch gegenüber der von Merkel geführten Regierung einen klaren "Wechsel" propagieren könnte, keine sinnstiftende politische Botschaft mit auf den Weg geben. Innerparteilich fehlt es ihr dazu an einem zündkräftigen, modernen Gegenkonzept zur *"sozialkapitalistischen Resignationspolitik"* und einem starken oppositionellen Flügel, der dieses über eine Aufbruchsstimmung im Wahlkampf vertreten könnte. Sie war in früheren Jahrzehnten weitaus stärker von elementaren kulturellen Spannungen durchzogen, aus denen auch programmatische Richtungswechsel resultieren konnten. Heute lässt sich stattdessen eher eine Ziel- und Richtungslosigkeit der Partei attestieren, die zuletzt in einen rasanten und begründungslosen Austausch des Führungspersonals mündete.[159]

Dass eine passende Stimmung im Land jedoch auch in Deutschland grundsätzlich zu einer Neuausrichtung der Politik und einem verstärkten Bedürfnis nach charismatischer Führung führen kann, sollte nicht kategorisch ausgeschlossen werden.

> "Die Stunde der Charismatiker schlägt allein in Zeiten der Depression, der kollektiven Ratlosigkeit, der Paralyse oder auch der aufgewühlten innergesellschaftlichen Polarisierung. Das ist die Bühne für den Auftritt der kühnen politischen Propheten mit ihren prätentiösen Alternativen

---

158 vgl. Walter, Franz: Die ziellose Republik, S.269

159 vgl. Walter, Franz: Charismatiker und Effizienzen, S.382

> und ambitionierten Gesellschaftsprojekten [...] Sie entfachen Leidenschaften, regen die kollektive Fantasie an, setzen langfristige Ziele."[160]

In der deutschen Historie findet sich mit der Zeit von 1968 bis 1972 ein Beispiel für das gleichgerichtete Wirken von Zeitgeist und einer politischen Leitfigur. Gesellschaftlicher Aufbruch, politischer Gestaltungswille und eine charismatische Führung trafen unter der Regierung Brandt zusammen.[161] Studentenunruhen, Aktionen der Außerparlamentarischen Opposition (APO), der eskalierende Vietnamkrieg und die Geschehnisse rund um den Prager Frühling[162] sorgten bei der Wahl 1969 für eine innergesellschaftliche Polarisierung und Politisierung zugleich. Die Wahlbeteiligung war 1972 auf dem höchsten Stand in der Geschichte der Bundesrepublik und es gab eine große Zahl von Wählerinitiativen Außenstehender.[163]

> "Mit dem Staatsskeptizismus der 68er Bewegung entstanden mehr und mehr Zusammenschlüsse außerhalb der traditionellen Strukturen: von Protestgruppen bis zu sogenannten NGOs."[164]

Brandt hatte, ähnlich wie Obama, ein *"Gespür für das, was man den Zeitgeist nennt und die Begabung, einer unruhigen Gesellschaft Orientierung zu geben und Ziele zu vermitteln."*[165] Zugleich war er *"politi-*

---

160 Walter, Franz: Die ziellose Republik, S.119

161 vgl. Geis, Matthias: Wahlkampf: Gerechtigkeit für die SPD!, http://www.zeit.de/2009/29/01-SPD?page=1, letzter Zugriff: 22.7.2009

162 vgl. DPA: Brandt 1969. Mehr Demokratie wagen, http://www.focus.de/politik/deutschland/neuwahl2005/brandt-1969_aid_15978.html, letzter Zugriff: 22.7.2009

163 vgl. Statista2009: Wahlbeteiligung bei Bundestagswahlen seit 1949, http://de.statista.com/statistik/daten/studie/2274/umfrage/entwicklung-der-wahlbeteiligung-bei-bundestagswahlen-seit-1949/, letzter Zugriff: 22.7.2009

164 Krimphove, Petra: Bürgerschaftliches Engagement und Sozialstaat: Ein Vergleich zwischen Deutschland und den USA, Berlin 2004, S.42

165 Rosenberger, Siegrid Elisabeth: Der Faktor Persönlichkeit in der Politik. Leadershipanalyse des Kanzlers Willi Brandt, Wiesbaden 2005, S.110

scher Kristallisationspunkt vieler Bürger der Bundesrepublik."[166] Für die idealistische Partizipationsgeneration der sechziger und siebziger Jahre war er also der passende Politikertypus. Das damalige urbane Bürgertum war moderat und modisch linksliberal.

> "In dem linkslibertären Umfeld gehörte es nun [...] zum guten Ton, sich parteipolitisch demonstrativ zu bekennen [...]"[167]

Im Auftreten und in der Rhetorik Willi Brandts finden sich sogar durchaus Parallelen zu Barack Obamas Erfolgsgeschichte. Brandt galt als Symbolfigur des moralischen Politikers und drückte sich in seinen Reden häufig eher wie ein Prediger als ein Politiker aus.[168] Dabei wurde sein pathetischer Sprachgebrauch auf inhaltlicher Ebene von einer Politik der Neuorientierung gestützt. Dies betraf beispielsweise die damalige Ostpolitik aber auch eine *"tiefgreifende Veränderung der deutschen Gesellschaft."*[169] Die Fokussierung der SPD auf eine moderne und inszenierte Außenwirkung in den Jahren unter Brandt vor 1969 stieß allerdings nicht immer auf großen Zuspruch.

> *"Wahlkampfveranstaltungen im Stil amerikanischer Starrevuen, die als Unterhaltungsprogramme daherkamen und bei denen die SPD nur verdeckt beworben wurde, stießen zu Recht auf die Kritik unzufriedener, sich betrogen fühlender Besucher."*[170]

Erst die mehrheitlich SPD nahen, als 68er Generation bezeichneten, Wähler machten den Wahlsieg 1969 möglich. Und erst im unmittelbaren Vorfeld und im Anschluss an den Wahlsieg kamen die charismatischen

---

166 Rosenberger, Siegrid: Der Faktor Persönlichkeit in der Politik, S.106

167 Walter, Franz: Charismatiker und Effizienzen, S.116

168 vgl. Görtemaker, Manfred: Geschichte der Bundesrepublik Deutschland. Von der Gründung bis zur Gegenwart, Frankfurt 2004, S.562

169 Rosenberger, Siegrid Elisabeth: Der Faktor Persönlichkeit in der Politik, S.106

170 Micus, Matthias: Willy Brandt, die Medien-Marionette, http://www.spiegel.de/politik/deutschland/0,1518,469575,00.html, letzter Zugriff: 23.7.2009

und telegenen Eigenschaften Brandts durch diesen Generationswechsel unter den Wählern voll zum Tragen.

Der Kniefall Willi Brandts vor dem Warschauer Ehrendenkmal 1972 gilt als ein Beispiel für symbolische Politik,[171] die auch Obama, wie gezeigt wurde, für sich nutzen konnte. Brandt hatte zudem bereits 1961 und 1965 als Kanzlerkandidat immer wieder deutlich gemacht, *"dass er sich nicht als Vollstrecker des Parteiwillens begriff."*[172] Durch diese Haltung brauchte er jedoch auch lange, um in der Partei vollauf akzeptiert zu werden. Er hatte die volle Ochsentour nicht gemacht und war über das Amt des Berliner Bürgermeisters groß geworden.[173] Hier finden sich ebenfalls Parallelen zu Barack Obama, der sich, wie bereits gezeigt wurde, als unabhängig vom politischen Establishment darstellte. Trotzdem unterscheidet sich Brandts Laufbahn bis zu seinem Erfolg deutlich von der Laufbahn Barack Obamas, denn er hatte bezüglich seiner Beliebtheitswerte vor 1969 bereits einige Höhen und Tiefen durchlaufen. 1960/1961war er noch *"angesehener und bekannter als jeder andere Sozialdemokrat."*[174] Im Jahr 1965 waren die guten Werte aufgrund einer 1961 begonnenen Diffamierungskampagne bereits deutlich abgesunken.[175] Brandt gehörte also in der Zeit vor seinem Wahlerfolg 1969 eindeutig zum sozialdemokratischen Establishment und war 1969, im Unterschied zum "Newcomer" Obama, alles andere als ein neues Gesicht auf der politischen Bühne.

Es konnte jedoch gezeigt werden, dass unter der Voraussetzung eines vorherrschenden Willens zum Wandel in der Bevölkerung, wie er sich in Deutschland Ende der sechziger Jahre ergab, auch hierzulande ein personenbezogener, emotionalisierter Wahlkampf und ein pathetischer Sprachstil auf fruchtbaren Boden treffen könnten.

---

171 vgl. Plehwe, Kerstin/Bohne, Maik: Von der Botschaft zur Bewegung, S.76

172 Walter, Franz: Charismatiker und Effizienzen, S.106

173 vgl. Walter, Franz: Charismatiker und Effizienzen, S.107

174 Micus, Matthias: Willy Brandt, die Medien-Marionette

175 ebd.

Dass die Deutschen auch gegenwärtig noch angesichts bestimmter Themen mit Protesten und dem kollektiven Ruf nach einem Wechsel reagieren können, zeigte sich nicht zuletzt auch hier an der Ablehnung der Bush-Administration. Diese war in Deutschland noch wesentlich deutlicher zutage getreten, als in den USA. Insbesondere der Krieg im Irak und die Umweltpolitik stießen auf eine breite Ablehnung und zogen zahlreiche Protestaktionen nach sich. Während des Einsatzes im Irak und in der Folgezeit wurde gar von einem neuen Antiamerikanismus in den westeuropäischen Ländern gesprochen, der Parallelen mit der Ablehnung des Vietnamkriegs in den siebziger Jahren aufwies.[176] Selbst die deutsche Politik konnte sich bis zu dem amerikanischen Regierungswechsel 2008 diesem Meinungstrend nicht entziehen.

> "Alles Amerikanische ist in (West-)Europa politisch radioaktiv geblieben – wer damit zu eng und zu lange in Berührung kommt, wird kontaminiert bis zur Unwählbarkeit."[177]

Obamas politische Botschaften vom Wandel fielen in Deutschland nur deshalb auf fruchtbaren Boden, da man sich von seiner Wahl einen deutlichen Richtungswechsel bezüglich dieser außenpolitischen Themen versprach.

3.1.3 Ergebnis

Obama plädierte in seinen Äußerungen im Prinzip für die Fortführung einer romantisierten amerikanischen Geschichte. Die Wähler nahmen seine Forderung nach einem Wechsel dadurch nicht als radikale Veränderung wahr sondern hatten eher das erbauende Gefühl, dass das Land

---

176 Arnsberger, Malte: Feindbild Amerika. Anti - Amerikanismus ist salonfähig, http://www.stern.de/politik/ausland/:Feindbild-Amerika-Anti-Amerikanismus/597388.html, letzter Zugriff: 22.7.2009

177 Roß, Jan: Anti-Amerikanismus: Das Bauchgrimmen des Erdballs, http://www.zeit.de/2007/18/Anti-Amerikanismus, letzter Zugriff: 22.7.2009

nach einer kurzen Abweichung wieder auf seinen traditionellen Kurs gebracht werden soll.

> "Wenn man Ideen in einem geschichtlichen Kontext präsentiert, sind sie häufig leichter zu verdauen, weil sie in einem Zusammenhang stehen, den die Zuhörer kennen"[178]

Er konnte sich über den Einsatz bewährter rhetorischer Mittel als traditionsbewusster Amerikaner darstellen und dadurch die Andersartigkeit seiner Herkunft, seinen ungewöhnlichen Werdegang und auch seine Botschaft von Erneuerung und Wechsel in einen vertrauenserweckenden Mantel hüllen. Die christlichen Anleihen und die sinnstiftenden, symbolisch aufgeladenen Geschichtsbezüge in Obamas Sprache konnten nur deshalb eine kollektivierende Wirkung unter den Wählern erzeugen, weil sie an spezifisch amerikanische Wertvorstellungen appellieren, die die politische und gesellschaftliche Sphäre in den USA traditionell prägen. Ein vergleichbarer nationaler Wertekanon lässt sich in Deutschland nicht finden. Obamas spezifische Wahlkampfrhetorik kann daher nur mit Vorbehalt als Vorbild dienen.

Auch an einer Aufbruchsstimmung in der Bevölkerung, die nötig ist, um einen politischen Wandel und eine emotional aufgeladene Botschaft überzeugend vermitteln zu können, fehlt es gegenwärtig in Deutschland. Dieser besondere Zeitgeist bildete jedoch eine tragende Säule der gesamten Erfolgsstrategie von Barack Obama. Dabei konnte anhand der Regierung Brandt gezeigt werden, dass, unter der Voraussetzung eines vorherrschenden Willens zum Wandel in der Bevölkerung, auch in Deutschland emotionalisierte Wahlkämpfe, ein pathetischer Sprachstil und charismatische Führungsfiguren auf fruchtbaren Boden fallen können. Man muss jedoch, trotz der Parallelen, einen Vergleich zwischen Obama und Brandt vorsichtig angehen. Es darf nicht der Fehler begangen werden, die Unzufriedenheit und Politikverdrossenheit der

---

178 Leanne, Shel: Sag's wie Obama, S.104

US-Amerikaner nach der Regierung Bush mit der ideologisch aufgeladenen Zeit Ende der sechziger Jahre gleichzusetzen. Das idealistische Gedankengut dieser politisch bewegten Zeit bildete aus sich selbst heraus eine revolutionäre Kraft. Der öffentliche Diskurs war damals auch ohne das Wirken eines Charismatikers auf der bundespolitischen Ebene ungewöhnlich ideologisch aufgeladen. Eine politische Gegenbewegung war über einen Generationswechsel innergesellschaftlich bereits vorhanden und ermöglichte erst die veränderte öffentliche Wahrnehmung und den Wahlerfolg Willi Brandts. Obama und sein Wahlkampfteam konnten dagegen, aufbauend auf einer bestehenden Unzufriedenheit, den Großteil des politischen Engagements selber initiieren. Das Engagement war ein kalkulierter Bestandteil seines Wahlkampfes. Dies betrifft vor allem die Jungwählerschaft, deren Engagement erst durch den Internetwahlkampf Barack Obamas mobilisiert werden konnte.

3.2 Das Internet als Multiplikator für politisches Bürgerengagement

> "War Kennedy der erste telegene Präsident, erleben wir mit Obama den Durchbruch des Internets als personalisiertes Partizipations- und Live-Medium."[179]

Wie bereits im vorherigen Teil festgestellt wurde, werden im Zusammenhang mit Obama die Begriffe "Bewegung" und "Engagement" häufig genannt. Meist in einem Atemzug mit Obamas Internetwahlkampf. Das, was den deutschen Parteien in den vergangenen Jahrzehnten schmerzlich abhanden gekommen ist, konnte Obama scheinbar innerhalb einer einzigen Wahlperiode erreichen: Ein breite gesellschaftliche Basis von aktiven Unterstützern. Eine "Freiwilligenarmee". Obamas

179 Reichart, Marcel: Die Macht des Internets. Politik 2.0, http://www.focus.de/digital/multimedia/dld-2009/tid-13155/politik-2-0-die-macht-des-internets_aid_363558.html, letzter Zugriff: 22.7.2009

Wahlkampfteam nutzte das Internet, indem man sich über eigene Webangebote Unterstützung sicherte und die politischen Botschaften in bestehende Diskussionsforen und sogenannte "Social Networks" einspeiste. Das Internet war also der entscheidende Multiplikator für das Erzeugen des Obama Movements.

Im Folgenden wird zunächst der Internetwahlkampf Barack Obamas analysiert, um ihn anschließend mit den bisherigen und geplanten Anschlussbemühungen der politischen Akteure in Deutschland zu vergleichen. Kann eine klare Orientierung der deutschen Parteien und Spitzenpolitiker an dieser Erfolgsstrategie überhaupt zu einem ähnlich großen Netzwerk von Unterstützern, Wahlhelfern und einer aktiven Bewegung führen? Oder gibt es noch andere Ursachen, auf denen der Erfolg dieser Internetstrategie in den USA beruht?

3.2.1 USA

Der Stellenwert des Internets sollte in Obamas Wahlkampagne nicht gänzlich überbewertet werden. Obama gewann nicht zuletzt durch die mit etwa 1,5 Milliarden Dollar größte Wahlkampfkriegskasse der US-Geschichte.[180] Sein Internetwahlkampf war also nur ein einzelner Baustein einer Wahlkampagne der Superlative. Das Fernsehen hatte an den Ausgaben beider Präsidentschaftskandidaten wie immer den größten Anteil. Zeitweise gab Obama zwei Millionen Dollar pro Tag für Fernsehwerbung aus. In Denver liefen beispielsweise siebenmal so viele TV-Spots von Obama als von John McCain.[181] Die Ausgaben für Werbung in den Printmedien gingen insgesamt zurück, und die Ausgaben für das

---

180 vgl. Alexander, Dietrich: Obama vereinte die Enttäuschten und Bush - Müden

181 vgl. Gloger, Katja: US- Wahl. Obama kämpft um wilden Westen, http://www.stern.de/politik/ausland/:US-Wahl-Obama-Wilden-Westen-/643891.html, letzter Zugriff: 22.7.2009

Internet stiegen an.[182] Doch seine Präsenz im Netz war, verglichen mit anderen Präsidentschaftswahlkämpfen, ungewöhnlich durchschlagend und verselbstständigte sich zudem zusehends. Allein in der Wahlnacht wurden 100 Twitter-Postings pro Sekunde und 10000 Blogeinträge pro Stunde mit den Begriffen "Obama" und "President" registriert.[183]

Die Voraussetzungen für einen Internetwahlkampf in den USA sind mittlerweile sehr gut. 46% der US-Amerikaner nutzten 2008 das Internet für politische Informationen. 2004 waren es noch 31%, im Jahr 2000 16 %.[184] Obamas große Wahlerfolge bei den Jung- und Erstwählern[185] lassen daher diesbezüglich auf einen Erfolg der Internetkampagne schließen. Insbesondere die jungen Wähler waren es, die sich auch aktiv in seinem Wahlkampf einsetzten und weitere Unterstützer mobilisieren konnten. Betrachtet man die Altersgruppe der 18-29 jährigen US-Amerikaner gesondert, dann ist bei ihnen das Internet längst die Primärquelle für politische Informationen.[186] Das Internet ist zudem für den öffentlichen politischen Diskurs der US-Amerikaner wesentlich bedeutsamer. Das zeigen beispielsweise die prominenten Politik-Blogger in den USA, denen bereits ein gewisser Einfluss auf die Tagespolitik zugeschrieben wird.[187] Nicht zuletzt bildete das Internet schon während des nationalen Schockzustands nach dem 11. September 2001, als in den privatisierten Massenmedien der bekannte "Rallying behind the flag"

---

182 vgl. Schönstein, Jürgen: Wahlkampf. Die 5,3-Milliarden-Dollar-Show, http://www.focus.de/finanzen/news/wahlkampf-die-5-3-milliarden-dollar-show_aid_344504.html, letzter Zugriff: 22.7.2009

183 vgl. Stöcker, Christian: Obamas Wahlsieg. Wie das Internet seinen Champion feiert, http://www.spiegel.de/netzwelt/web/0,1518,588675,00.html, letzter Zugriff: 22.7.2009

184 vgl. Plehwe, Kerstin/Bohne, Maik: Von der Botschaft zur Bewegung, S.134

185 vgl. Alexander, Dietrich: Obama vereinte die Enttäuschten und Bush - Müden

186 vgl. Patalong, Frank: Wahlkampf 2.0: Obama boomt im Internet, http://www.spiegel.de/netzwelt/web/0,1518,534397,00.html, letzter Zugriff am 22.7.2009

187 vgl. Plehwe, Kerstin/Bohne, Maik: Von der Botschaft zur Bewegung, S.142

Effekt eintrat und die Politik von Bush im Allgemeinen unterstützt wurde, ein kritisches Gegengewicht.[188] Auch für Wahlkämpfe hat das Internet in den USA schon länger eine große Bedeutung. John McCain konnte schon bei seiner Kandidatur im Jahr 2000 20 Millionen Dollar Spenden im Internet sammeln.[189]

> "Nicht nur 500 Millionen Dollar sammelte Obamas Team im Internet, sondern auch die E-Mail-Adressen und Telefonnummern von zehn Millionen Unterstützern."[190]

Die Website www.barackobama.com gilt als Vorzeigemodell politischer Partizipation. Über einen aktiven Dialog mit seinen Wählern erzeugte Obama ein Gefühl von Gemeinschaft und Mitbestimmung. *„Obama schafft den Aufbau einer neuen Partizipationsarchitektur, die die Leute in den politischen Prozess zurückholt."*[191] Beispielsweise forderte er per Emails Feedback von seinen Unterstützern ein und versorgte sie mit Insiderinformationen.[192] Seine Anhänger erhielten eine personalisierte E-Mail, in der Obama sie, zeitgleich mit der Presse, über die Wahl Joe Bidens als seinen Kandidaten für die Vizepräsidentschaft informierte.[193] Die Nutzerprofile von www.mybarackobama.com wurden nach Aktivität sortiert, um bestimmte Unterstützer als Multiplikatoren für seine Kampagne anzusprechen. Es wurde auch erfasst, wer mit wem befreundet ist und wer sich für welche Themen interessiert. Mit diesen Informationen ließen sich die Freiwilligen steuern, die daraufhin gezielt Kontakt

---

188 vgl. Lösche, Peter/Von Loeffelholz, Hans-Dietrich: Länderbericht USA, S.393

189 vgl. Rössler/Schatz/Nieland: Politische Akteure in der Mediendemokratie, S.87

190 Biermann, Kai: Community. Aus Obamas dotcom wird dotgov, http://www.zeit.de/online/2008/49/obama-community, letzter Zugriff am 22.7.2009,S.1

191 Reichart, Marcel: Die Macht des Internets. Politik 2.0

192 Plehwe, Kerstin/Bohne, Maik: Von der Botschaft zur Bewegung, S.129

193 vgl. Reichart, Marcel: Die Macht des Internets. Politik 2.0

zu einzelnen Wählern aufnahmen.[194] Zudem wurden den registrierten Unterstützern konkrete Instrumente nahegelegt, wodurch es ihnen erleichtert werden sollte, ihre Energien in die Tat umzusetzen. So erfuhren sie von Veranstaltungsorten und den Treffen von Unterstützergruppen, veranstalteten selber Obama Hauspartys und Barbecues,[195] um dort Freunde, Familie und Nachbarn zu überzeugen und trafen sich zu gemeinsamen Telefonaktionen. Jeder Freiwillige konnte sich daran versuchen, offiziell Spenden für Obama zu sammeln. Dazu konnte er Emails, Blogs und Events zu nutzen.[196] Anrufe erfolgten nach einem genauen Fragenkatalog. Die Antworten wurden in die gigantische Datenbank "Votebuilder" eingespeist, wodurch über fast jeden Wähler genaue Informationen abrufbar waren.[197] Auf der ebenfalls von Obamas Team aus der Taufe gehobenen Seite www.Fightthesmears.com konnten Gerüchte entkräftet und üble Nachreden diskutiert werden.[198]

Neben www.myBarackObama.com war während der Wahlkämpfe auch die Seite www.change.gov von Bedeutung, die nach der Wahl in www.whitehouse.gov umbenannt wurde. Ein Blog auf www.whitehouse.gov benennt die zukünftige Online-Strategie: Kommunikation, Transparenz und Partizipation. Eine Diskussionskultur und eher symbolische Beteiligungsmöglichkeiten hatten sich auf www.change.gov bereits etabliert. Auf www.whitehouse.gov sollen diese Ansätze noch weiter ausgebaut werden. Dort heißt es:

> "Außer in Notfällen werden sämtliche Gesetzesentwürfe auf der Website für fünf Tage veröffentlicht. Die Öffentlichkeit ist zur Einsichtnahme

---

194 vgl. AFP/CLAF: US Wahlkampf. Obamas Stimmenfang im Internet, http://www.focus.de/digital/internet/us-wahlkampf-obamas-stimmenfang-im-internet_aid_343189.html, letzter Zugriff:22.7.2009

195 http://www.hungryforobama.com/, letzter Zugriff am 22.7.2009

196 vgl. Plehwe, Kerstin/Bohne, Maik: Von der Botschaft zur Bewegung, S. 141

197 vgl. Gloger, Katja: US- Wahl. Obama kämpft um wilden Westen

198 Reichart, Marcel: Die Macht des Internets. Politik 2.0

und Kommentierung aufgerufen, erst danach unterzeichnet der Präsident." [199]

Abzuwarten bleibt, ob Barack Obama als gewählter Präsident auch weiterhin auf seine gut organisierte Netzbasis setzt. Per E-Mail oder in einer Videobotschaft über *YouTube* versicherte Obama, dass die Beteiligung der Netzcommunity kein reines Wahlkampfphänomen bleiben soll. Er wolle ein Volk von Mitmachern regieren.[200] Dies ist keine gänzlich utopische Vorstellung. Dass sich der Präsident über die Medien direkt an das Volk wendet, um beispielsweise Widerstände im Kongress zu umgehen, hat in den USA Tradition. Bereits Präsident Roosevelt wandte sich mit seinen "Fireside Chats" im Fernsehen an eine breite und interessierte Hörerschaft.[201]

Zusätzlich zu den eigenen Internetpräsenzen, informierte Obama seine Wähler, statt auf inszenierten Pressekonferenzen, über unabhängige Community-Plattformen wie www.Facebook.com, www.Twitter.com, www.Flickr.com, www.YouTube.com, www.MySpace.com und www.Eventful.com. Mit 21 Millionen Abrufen seiner Videos auf www.YouTube.com war er dort wesentlich erfolgreicher als McCain.[202] Portale wie www.facebook.com, www.myspace.com oder die deutsche Variante www.studivz.com sind sogenannte "Social Networks", die wiederum unter das Schlagwort "Web 2.0" fallen. "Web 2.0" ist eine Wortkreation, die sich primär auf *"eine veränderte Nutzung und Wahrnehmung des Internets"* bezieht. *"Die Benutzer erstellen, bearbeiten und verteilen Inhalte in quantitativ und qualitativ entscheidendem Maße selbst, unterstützt von interaktiven*

---

199 vgl. Stöcker, Christian: Obamas Wahlsieg. Wie das Internet seinen Champion feiert.

200 Perger, Werner A.: Das Modell Obama: Charismatiker und Pragmatiker. http://www.zeit.de/online/2009/04/obama-pragmatismus-charisma?page=1, letzter Zugriff: 22.7.2009, S.2

201 Lösche/Von Loeffelholz: Länderbericht USA, S.402

202 Reichart, Marcel: Die Macht des Internets. Politik 2.0

Anwendungen."[203] Der Begriff wurde erstmals Ende 2003 von Eric Knorr in den öffentlichen Diskurs eingebracht.[204] Konkret sind damit Userplattformen wie www.youtube.com, www.studivz.de, www.facebook.com, www.myspace.com und www.flickr.com gemeint, um nur die wichtigsten Vertreter zu nennen. Auf jeder dieser Plattformen erstellen User selbstständig Profile, Videos, Bilder und Diskussionsthemen, suchen Gleichgesinnte zu bestimmten Themen, gründen dafür Diskussionsforen, halten Kontakt zu ihrem Freundeskreis und vernetzen ihr soziales Leben mit der weltweiten Web Community. Obamas Wahlkampfteam erkannte das große Potential dieser politisch unabhängigen Plattformen. Seine Netz-Basis war schon zu Zeiten des Wahlkampfes viermal größer als die von John McCain[205] und er war gleichzeitig in fast allen Social Networks präsent. Diese Omnipräsenz im Netz und das gezielte Bedienen und Vernetzen der einzelnen Social Networks war ein ausschlaggebender Faktor für den Erfolg der Netzkampagne.[206]

Wenn von *"Wahlkampf 2.0"*[207] die Rede ist, dann meint diese Bezeichnung also, dass die potentiellen Wähler im Netz nicht mehr als passive Empfänger sondern als aktive Vermittler angesprochen werden. Wirkt man mit einer bestimmten Botschaft in ein Netzwerk aus bereits aktiven Vermittlern hinein, dann kann man auf eine Verselbstständigung der Bewegung hoffen. Bei den Social Networks, Blogs und Diskussionsforen im Netz handelt es sich dadurch theoretisch um potentielle Multiplikatoren für politische Botschaften. Deshalb sind diese unabhängigen Plattformen besser für einen Internetwahlkampf geeignet, als die offizi-

---

203 http://de.wikipedia.org/wiki/Web_2.0, letzter Zugriff: 22.7.2009

204 Knorr, Eric: The Year of Web Services, in: CIO. The Ressource for Information Executives, 1/2004, S.90

205 vgl. AFP/CLAF(o.V.): US Wahlkampf. Obamas Stimmenfang im Internet,

206 vgl. Reichart/Schmidt/Martin/Remke: DLD Internet Politics Studie 2009, http://www.dld-conference.com/upload/DLD_Internet_Politics_20_01_09.pdf, letzter Zugriff :22.7.2009, S.9

207 Patalong, Frank: Wahlkampf 2.0: Obama boomt im Internet.

ellen Internetauftritte der politischen Akteure. Eine Studie der Initiative ProDialog aus dem Jahr 2007 ergab beispielsweise, dass nur drei Prozent der politikinteressierten deutschen Internetnutzer die offiziellen Internetauftritte der Parteien nutzen.[208]

Die aktive Bewegung, die aus der Netzkampagne Obamas resultierte, wurde jedoch zugleich von einem gesellschaftlich fest etablierten Verhältnis der US-Amerikaner zu bürgerschaftlichem Engagement begünstigt.

> „Es handelt sich hierbei um die Stärke des sogenannten unabhängigen Sektors, des gesellschaftlichen, nicht staatlichen Bereichs, also der intermediären Organisationen, Zusammenschlüsse und freiwilligen Vereinigungen von Bürgern, die sich für ihre Anliegen, ihre Nachbarschaft, ihre Gemeinde oder für ein anderes überindividuelles Interesse engagieren."[209]

Bereits Alexis de Tocqueville erkannte bei einem Besuch der USA Anfang des 19.Jahrhunderts, dass die "Associations" die Bausteine und Grundpfeiler der amerikanischen Demokratie bilden. Das Demokratieverständnis der Amerikaner basiert nach Tocqueville auf persönlich-individuellen Freiheitsrechten.[210] Dies ging bereits im 18. Jahrhundert mit einer Tendenz zu mehr Eigenverantwortung der Amerikaner nach sich, während zeitgleich ein preußischer Bürger sein Leben den politischen und gesellschaftlichen Vorschriften unterordnete.

> "Jede Tätigkeit, sei es im Alltagsleben wie in der Arbeitswelt oder im politischen Bereich, hatte [...] zwangsläufig ein lokales, bestenfalls ein regionales Bezugsfeld, in dem Veränderungen eher von innen als von außen erfolgten. In dieser individualisierten Welt kam daher von Anbe-

---

208 vgl. Plehwe, Kerstin/Bohne, Maik: Von der Botschaft zur Bewegung, S.135

209 Lösche, Peter/Von Loeffelholz, Hans-Dietrich: Länderbericht USA, S.312

210 vgl. Zimmer, Anette: Vereine- Zivilgesellschaft konkret, Münster 2007, S.68

> ginn der Eigenverantwortung und der Eigeninitiative ein hoher Stellenwert in der Lebensbewältigung zu [...][211]

Der amerikanische Individualismus führte zu einer grundsätzlichen Abneigung gegenüber staatlichen Eingriffen in das Leben der Bürger.[212] US-Amerikaner definieren sich daher eher als *"Individuen, die unter dem Symbol der amerikanischen Flagge als Nation zusammenfinden"*[213] und weniger als Kollektiv mit dem Staat als zentralem Akteur. Der amerikanische politisch motivierte "Volunteer", der sich stark vom deutschen "Vereinsmeier" unterscheidet, sammelt Spenden für die Kandidaten, bittet telefonisch um Unterstützung und organisiert Veranstaltungen. In den USA existieren zudem *„zahlreiche religiöse Glaubensgemeinschaften, die, neben der Schule und der Familie, seit jeher zu den wichtigsten Sozialisationsinstanzen zählten, in denen gesellschaftliches und politisches Engagement und Verantwortung eingeübt wurden und wird.“*[214] Die amerikanische Gesellschaft belohnt bürgerschaftliches Engagement zugleich stärker durch Anerkennung im privaten und beruflichen Bereich.

> "[...] gesellschaftliches Engagement ist ein Lernprozess, der Unterstützung bedarf. Wer zuhause keine Vorbilder in diesem Punkt findet, der findet sie in den USA in der Schule."[215]

Diese Tendenz zu mehr Eigeninitiative lässt sich auch in Zahlen ausdrücken. Nach einer Gallup-Studie aus dem Jahr 1998 sind 56 Prozent aller über 18-jährigen US-Amerikaner/innen bürgerschaftlich engagiert. 59 Prozent der Jugendlichen leisten durchschnittlich 3,5 Stunden in der Woche Freiwilligenarbeit.[216] Die Bereitschaft bezüglich der eigenver-

---

211 Dippel, Horst: *Geschichte der USA*. München 2003, S.16.
212 vgl. Krimphove, Petra: Bürgerschaftliches Engagement und Sozialstaat, S.6
213 Krimphove, Petra: Bürgerschaftliches Engagement und Sozialstaat, S.7
214 Lösche/Von Loeffelholz: Länderbericht USA, S.711
215 vgl. Krimphove, Petra: Bürgerschaftliches Engagement und Sozialstaat, S.29
216 ebd. S.27

antwortlichen Partizipation im Wahlkampf ist dadurch wesentlich größer als in Deutschland.

3.2.2 Deutschland

Das individuelle, zivile Bürgerengagement ist in Deutschland vergleichsweise weniger stark gesellschaftlich verankert. Hierzulande weisen die großen Hilfsorganisationen wie die Caritas komplexe Organisationsstrukturen auf. Die Kirchen in Deutschland haben gemeinsam mit dem Staat große Teile des sozialen Engagements in komplexe Organisationsstrukturen eingebettet, wodurch das private soziale Engagement der Bürgerschaft weniger etabliert ist.[217]

> "Aus der korporatistischen Tradition stammt die bis heute in der Bundesrepublik noch anzutreffende Auffassung, bürgerschaftliches Engagement habe im Wesentlichen die Aufgabe, das Wirken des Staates einschließlich der Gemeinden zu unterstützen oder zu ergänzen."[218]

Das Fehlen einer aktiven politischen Partizipation, über die Wahlbeteiligung hinaus, ist ein Merkmal fast aller europäischen Gesellschaften. Dies ergab die Studie "European Social Survey."[219] Im politischen Bereich des deutschen Bürgerengagements zeigen sich in den letzten Jahren jedoch eine Abnahme der Partei- und Gewerkschaftsmitgliedschaf-

---

217 Krimphove, Petra: Bürgerschaftliches Engagement und Sozialstaat, S.35

218 Deutscher Bundestag (Hrsg.): Enquete-Kommission „Zukunft des Bürgerschaftlichen Engagements". Band 4: Bürgerschaftliches Engagement: auf dem Weg in eine zukunftsfähige Gesellschaft, Opladen 2002, S.94

219 vgl. Neller, Katja: Politisches Engagement in Europa, http://www.bundestag.de/dasparlament/2006/30-31/beilage/005.html#9, letzter Zugriff: 22.7.2009

ten und eine Zunahme von kleinen und problemorientierten Initiativen und Organisationen.[220]

Das Parteileben und die Parteimitgliedschaft bildeten in Deutschland lange Zeit eine funktionierende Alternative zum zivilen, individuellen Bürgerengagement der USA. In den 70er Jahren hatten die Parteien auf dem Höhepunkt der Wahlbeteiligung in Deutschland einen größeren Einfluss auf die politische Willensbildung. Persönlicher Einsatz der Parteimitglieder, direkte Kommunikation mit den Wählern und eine politisierte Bevölkerung waren unter anderem die Ursache für die extrem hohe Wahlbeteiligung. Die Kommunikation in den Ortsverbänden und Arbeitsgemeinschaften, Wahlkreisen und Kreisverbänden, Landesverbänden und auf Bundesparteitagen spielte eine bedeutendere Rolle.[221] Politik hatte eine breite gesellschaftliche Diskussionsbasis und auch die jüngeren Generationen folgten dem bestehenden Trend zum politischen Denken.

> "Damals wurden unter dem (Ein-)Druck der Studentenbewegung nicht nur von staatlicher Seite ("mehr Demokratie wagen", Willy Brandt), sondern vor allem auch durch soziale Bewegungen Demokratisierungsprozesse in Gang gesetzt [...][222]

Doch faktisch nimmt die Identifikation mit den Parteien spätestens seit den neunziger Jahren immer weiter ab.[223] Zugleich sind ein allgemeiner Rückgang der Mitgliederzahlen und eine, damit einhergehende, Überalterung der Parteimitglieder zu beobachten. Verglichen mit dem Mitgliederhöchststand von 1976 (1,02 Mio.) hat die SPD [2006] nur noch gut

---

220 vgl. Brömme, Norbert/Strasser, Hermann: Gespaltene Bürgergesellschaft? Die ungleichen Folgen des Strukturwandels von Engagement und Partizipation, http://www.bpb.de/files/0QUUUG.pdf, letzter Zugriff am 22.7.2009, S.8

221 vgl. Müller, Albrecht: Von der Parteiendemokratie zur Mediendemokratie, S. 67

222 Braun, Sebastian: Bürgerschaftliches Engagement im politischen Diskurs, http://www.bpb.de/files/7334M7.pdf, letzter Zugriff am 22.7.2009

223 vgl. Römmele, Andrea: Direkte Kommunikation, S.72

die Hälfte ihres damaligen Mitgliederbestandes. Die CDU hat [2006], gemessen am Höchststand 1990(778000) ein Viertel ihrer Parteianhänger eingebüßt.[224] Faktisch hat auf dieser Ebene eine Machtverschiebung stattgefunden, wodurch die Medien und insbesondere das Fernsehen einen großen Teil der Politikvermittlung übernahmen. Als eine effiziente Basis für die Initiierung einer breiten politischen Bewegung eignet sich die Parteibasis und die Stammwählerschaft daher heutzutage weniger.

Die klassischen Massenmedien verleiten die Rezipienten jedoch zu einer rein passiven Aufnahme von Informationen und sind kein Ersatz für die interpersonelle Kommunikation, die meist Anstoß für eine weitere Beschäftigung mit dem Thema sein kann. Diesbezüglich bietet das Internet mit seinen neuen Partizipationsmöglichkeiten zumindest in der Theorie eine echte Chance. Einer Zunahme an unkonventionellen Beteiligungsformen an der Politik selber steht man in Deutschland zudem eher skeptisch gegenüber.

> "[...] die Parteien [...] haben kaum Interesse an unkonventionellen Beteiligungsformen gezeigt, hatten fast ein wenig Angst vor neuartigen Mitgliederzuflüssen und Aktivitätsforen. Die Politik in Deutschland fürchtet sich seit der überpolitisierten Konfliktära in den späten 1970er und frühen 80er Jahren vor harten Auseinandersetzungen, schwierigen Kontroversen und zugespitzten Disputen. Insofern setzt sie mehr auf hierarchische Steuerung als auf schwer kontrollierbare und einhegbare Partizipationsdemokratie."[225]

Das Leitbild der deutschen Politik ist eher *"der Bürger, der sich gesellschaftlich engagiert, ohne sich zu sehr in die gesellschaftlichen Strukturen einzumischen."*[226]

---

224 vgl. Kleinert, Hubert: Abstieg der Parteiendemokratie, http://www.bpb.de/files/13NBQY.pdf, letzter Zugriff am 22.7.2009

225 Walter, Franz: Die ziellose Republik, S.210

226 Krimphove, Petra: Bürgerschaftliches Engagement und Sozialstaat, S. 63

In Deutschland haben sich auch Nutzerstruktur und Parteienpräsenz im Internet anders entwickelt, als in den USA. In einer Studie des Instituts für Demoskopie Allensbach zur Veränderung der Informations- und Kommunikationskultur wird gefolgert, dass das Internet in Deutschland bereits zum wichtigsten Informationsmedium geworden sei. So würden 59 Prozent der 14- bis 64-Jährigen mehrmals täglich das Internet nutzen, um sich zu informieren. Vor allem die sozialen Netzwerke würden auch in Deutschland zunehmend an Bedeutung gewinnen.[227] Eine Analyse auf Basis der ARD/ZDF-Onlinestudien 2008 und 2003 zeigte dagegen, dass das Internet, bezogen auf die Nutzungsdauer in der Gesamtbevölkerung, noch immer weit hinter den klassischen Massenmedien zurückliegt.[228] Auch bei den Kategorien "Denkanstöße", "Informationen" und "Mitreden können" liege das Internet, bezogen auf die Gesamtbevölkerung und die Nutzungsdauer, noch immer hinter der Tageszeitung, dem Fernsehen und dem Radio.[229] Die Themen Politik, Wirtschaft und Gesellschaft sowie aktuelle Nachrichten würden selbst unter den 14-29 jährigen noch immer meist aus den klassischen Massenmedien bezogen.[230]

Wird die Partizipationsleiter in Deutschland in Alterssegmente geordnet, sind es in erster Linie die 18- bis 34-Jährigen, die eine Kampagne in sozialen Netzwerken erreichen würde.[231] Wichtig für den Erfolg einer solchen Web 2.0 Kampagne ist jedoch auch die Art der Nutzung des Internets. Die "DLD Internet Politics Studie" von 2008 besagt, dass der Anteil der aktiven Nutzer gegenüber den inaktiven Internetnutzern

227 Reichart, Marcel: Die Macht des Internets. Politik 2.0

228 vgl. Oehmichen, Ekkehardt/Schröter, Christian: Medienübergreifende Nutzungsmuster: Struktur und Funktionsverschiebungen, in: Media Perspektiven 8/2008. S.394ff

229 vgl. ebd. S.399

230 ebd. S.405

231 vgl. Reichart, Marcel: Die Macht des Internets. Politik 2.0

in den USA wesentlich höher als in Deutschland sei.[232] Und passive Nutzer sind weniger geeignet, aktive Botschafter zu werden.

Bezüglich der Internetpräsenz kann man jedoch nicht behaupten, dass die politischen Akteure in Deutschland einen Trend verpasst hätten. Auf www.youtube.com sind alle deutschen Parteien vertreten. Die Kanäle dort heißen CDU-TV, SPD Vision, Kanal Grün, TV Liberal, und Die Linke im Bundestag. Hier können sich FDP und SPD am besten präsentieren, was die Zahl der Aufrufe angeht.[233] Auf www.Facebook.com und www.Studivz.com sind neben den Parteien auch Spitzenpolitiker wie Angela Merkel, Frank-Walter Steinmeier und Guido Westerwelle vertreten. Insgesamt ist die Resonanz, bezogen auf die Anzahl der Gruppenmitglieder und der "Freundschaften" jedoch eher schwach.[234] Auch hauseigene "Communitys" stellen die deutschen Parteien schon länger zur Verfügung. Dabei bietet die FDP mit einem frei zugänglichen Netzwerk und rund 30000 Mitgliedern das erfolgreichste Netzwerk an. Die SPD ist mit www.meineSPD.net und etwa 20000 Mitgliedern ebenfalls gut aufgestellt. Das CDU-Netzwerk www.CDUnet.de ist dagegen nur für Parteimitglieder gedacht.[235] Seit 2008 existiert jedoch ein CDU-Projekt, dass unter dem Namen "teAM Deutschland" versucht, eine politische Unterstützung für Angela Merkel und die CDU "mit oder ohne Parteibuch" über eine Online Community herzustellen.[236]

Der Trend, der durch Obama 2008 einen Popularitätsschub bekam, wurde von einzelnen Politikern klar erkannt. SPD-Kandidat Thorsten Schäfer-Gümbel, der Anfang 2009 als Nachfolger von Andrea Ypsilanti

---

232 vgl. Reichart/Schmidt/Martin/Remke: DLD Internet Politics Studie 2009, S.32

233 vgl. Reichart, Marcel: Die Macht des Internets. Politik 2.0

234 vgl. Reichart/Schmidt/Martin/Remke: DLD Internet Politics Studie 2009, S.40/41

235 vgl. Reichart, Marcel: Die Macht des Internets. Politik 2.0, S.2

236 http://www.team2009.de/ueber-uns.html

aufgestellt wurde und bis zu diesem Zeitpunkt relativ unbekannt war,[237] positionierte sich in der kurzen Wahlkampfphase auf sämtlichen Social Network Plattformen im Internet. Und er war in Internetdiensten wie YouTube, Twitter, MeinVZ, Wer-kennt-wen oder Facebook vertreten. Gegen das schlechte Wahlergebnis konnte dies jedoch nichts bewirken.[238] Christoph Fischöder von der PR-Agentur "Weber Shandwick", die die Aktivitäten der Parteien seit Anfang 2009 beobachtet, verzeichnet *"eine erhöhte Aktivität der Parteien im Netz,"*[239] und Eva Wüllner, die Pressesprecherin der CDU, spricht von einem erhöhten Stellenwert der Social Networks im Bundestagswahlkampf 2009, da Barack Obama die Bedeutung dieser Netzwerke klar aufgezeigt habe.[240]

3.2.3 Ergebnis

Zusammenfassend kann der Versuch der deutschen Parteien, sich an dem erfolgreichen Internetwahlkampf Barack Obamas zu orientieren, angesichts eines weniger aktiven Nutzertypus, einer geringeren Politisierung des Mediums in Deutschland sowie der geringeren Bedeutung des Mediums für politische Informationen nicht dieselbe Wirkung erzielen. Beim Präsidentschaftswahlkampf von Nikolas Sarkozy spielte das Internet interessanterweise ebenfalls eine große Rolle. So gab es beispielsweise etwa 40000 Blogs zum Thema Wahlkampf.[241] Da der Präsident in Frankreich direkt gewählt wird, könnte man leicht einen Kausalzusam-

---

237 vgl. RP-online.de: Kandidat der Hessen SPD. Thorsten Schäfer-Gümbel - Kandidat der Demut,http://www.rp-online.de/public/article/politik/deutschland/661344/Thorsten-Schaefer-Guembel-Kandidat-der-Demut.html, letzter Zugriff am 22.7.2009

238 vgl. Reichart/Schmidt/Martin/Remke: DLD Internet Politics Studie 2009, S.44

239 Löhe, Fabian: Bundestagswahl: Von Obama lernen heißt twittern lernen, http://www.focus.de/politik/deutschland/tid 13516/bundestagswahl-von-obama-lernen-heisst-twittern-lernen_aid_375352.html, letzter Zugriff: 22.7.2009, S.1

240 vgl. ebd. S.3

241 vgl. Plehwe, Kerstin/Bohne, Maik: Von der Botschaft zur Bewegung, S.137

menhang zwischen personalisierten Wahlkämpfen und dem Erfolg von webbasierten Wahlkampfmethoden vermuten. Nicht nur, dass einzelne Politiker es im Wahlkampf grundsätzlich leichter haben, als die komplex organisierten Parteien, ein geschlossenes Bild von sich zu entwerfen und dieses Bild über eine klare politische Botschaft zu vermitteln. Personen eignen sich auch besser als Fixpunkt für die meist jungen Wähler im Internet, auf die ein komplexes Parteiprogramm eher abschreckend wirken könnte.

> "Freiwilliges Engagement wird insbesondere dann als befriedigend empfunden, wenn es sich um zeitlich befristete und sachlich begrenzte Projekte mit eigener (Mit)Verantwortung handelt."[242]

Gerade in diesen Altersstufen haben komplexe Parteiprogrammatiken eine geringere Wirkung als die stärker personalisierten Wahlkämpfe in den USA und Frankreich. Zudem ist zu unterscheiden zwischen den politisch-kulturellen Traditionen einer hochgradig individualistischen, staatsfernen Bürgerkultur in den USA und der relativ staatszentrierten politischen Kultur der Bundesrepublik. Die internetbasierte Mobilisierung von Unterstützern, Spendensammlern und Wahlhelfern wurde in den USA von der traditionell größeren Bereitschaft der amerikanischen Gesellschaft zu freiwilligem Engagement getragen. Das Internet diente dabei als Zündmechanismus und zugleich Multiplikator für die resultierende politische Bewegung. Die Wahlkampagne Obamas, die auf das nationale, parteienübergreifende Gemeinschaftsgefühl abzielte,[243] steuerte über Slogans wie "Unity" und "Yes we Can" die passenden Botschaften bei, um die Bewegung auch inhaltlich zu unterfüttern. Auf die-

---

242 Backhaus Maul, Holger: Engagementförderung durch Unternehmen in den USA. Über die produktive Balance zwischen Erwerbsarbeit, Familienleben und bürgerschaftlichem Engagement, In: Deutscher Bundestag (Hrsg.): Enquete Kommission „Zukunft des Bürgerschaftlichen Engagements". Band 2: Bürgerschaftliches Engagement von Unternehmen, Opladen 2003, S.122

243 siehe hierzu Abschnitt 3.1.1

se spezifische Hilfsmentalität können die deutschen Parteien und Kanzlerkandidaten nicht setzen. Auch die klassische Parteimitgliedschaft in Deutschland ist, wie gezeigt wurde, wenig geeignet, um einen ähnlichen Multiplikatoreffekt zu erzielen. Der Mitgliederschwund der Parteien in Deutschland ist bei den jüngeren Bevölkerungsgruppen, die Obama über seinen Internetwahlkampf erreichen konnte, sogar besonders immanent,[244] und die zähen Aufstiegsprozesse innerhalb der Parteienhierarchien, sowie die eher indirekten Beteiligungsformen am politischen Geschehen in den Parteien, passen nach Sarcinelli nicht zu der Vorliebe junger Wähler, sich restriktionsfrei und problembezogen zu engagieren.[245]

244 vgl. Sarcinelli, Ulrich: Vom Traditionsverein zur Event Agentur? Anmerkungen zur jugendrelevanten Modernisierung der Parteien in der Mediengesellschaft, in: Alemann,Ulrich/Marschall, Stefan: Parteien in der Mediendemokratie, Wiesbaden 2002, S.352

245 vgl. ebd. S.360

4. Fazit und Ausblick

Die in dieser Arbeit herausgearbeiteten Ergebnisse gehen mit der These konform, dass "*die unterschiedlichen Kontexte der politischen Systeme (parlamentarisches vs. präsidentielles Regierungssystem, staatszentrierte vs. gesellschaftszentrierte politische Kultur) und vor allem auch der Mediensysteme (duales vs. rein kommerzielles Mediensystem) die politischen Stile und Handlungsorientierungen der Akteure beeinflussen.*"[246] Das Auftreten Barack Obamas, sein Sprachstil, sein politischer Aufstieg und auch die aktive Bewegung, die über ihn ins Leben gerufen wurde, können nur unter großem Vorbehalt als Handlungsleitfaden für politische Akteure in Deutschland dienen. Dies konnte in der vorliegenden Studie gezeigt werden.

Wie bereits in Punkt 2.3 abschließend gezeigt wurde, sind die politischen Eliten in Deutschland bezüglich ihres Werdegangs, ihrer Selbstdarstellung und ihrer journalistischen Fremddarstellung im öffentlichen Raum stärker an parteipolitische Vorgaben gebunden. Ein hiesiger Spitzenkandidat kann sich im Wahlkampf nicht mehr nachträglich in ein ähnliches Licht rücken wie Obama, und auch ein vergleichbar parteienunabhängiger, fast pastoraler Habitus würde weder öffentlich noch parteiintern akzeptiert werden. Auch die spezifische Wahlkampfrhetorik Obamas, sein Internetwahlkampf und die daraus resultierende, aktive Bewegung, die allesamt in einem engen Zusammenhang gesehen werden müssen, fänden in Deutschland keinen vergleichbaren Nährboden.[247] Ein Leitfaden für die politischen Akteure in Deutschland lässt sich aus Obamas Erfolgsgeschichte also nicht ableiten.

---

246 Sarcinelli, Ulrich: Elite, Prominenz, Stars? S.62ff

247 Siehe hierzu die Abschnitte 3.1.3 und 3.2.3

Aktuell zeigt sich mit Karl Theodor zu Guttenberg, der mit 37 Jahren und nach nur acht Jahren Parteimitgliedschaft erst CSU Generalsekretär und anschließend Bundeswirtschaftsminister wurde, jedoch ein seltenes Beispiel für eine Verkettung von rasantem Aufstieg und sehr guten bundesweiten Umfragewerten. Von Parteiestablishment oder Ochsentour kann hier niemand mehr sprechen und genau dieses unverbrauchte Image im Kreis der Spitzenpolitiker wirkt sich hier, neben anderen Faktoren, positiv auf seine Umfragewerte aus.[248] Forsa-Chef Manfred Güllner versucht diesen Erfolg unter anderem mit der von den Deutschen empfundenen Eigenständigkeit von Guttenbergs zu erklären.[249] Der neu ernannte Wirtschaftsminister kann einen gewissen Außenseiterstatus für sich verbuchen und wird von der Wählerschaft nicht in dem beschriebenen Zirkel der Politprominenz verortet. Aus dem Beispiel Guttenberg lässt sich zwar kein grundsätzlicher Trend ableiten, doch es könnte sich bei seiner Beliebtheit zumindest um einen Indikator für eine vorhandene Sehnsucht nach frischen Gesichtern auf der bundespolitischen Bühne handeln.

Das Internet bietet auch zukünftig die theoretische, möglicherweise utopische Chance der direkten Kommunikation mit dem Wähler, da die Gate Keeper Prozesse der klassischen Massenmedien umgangen werden können. Auch die verbesserten Selektionsmöglichkeiten der User könnten für einen Bedeutungszuwachs des Mediums sorgen. Der Medienkonsum der jüngeren Generationen in Deutschland ist bereits stark durch die medialen Charakteristika und Alleinstellungsmerkmale des Internets geprägt. Selbstbestimmung bei der Auswahl der Inhalte und ein zeitsouveräner Zugriff sind mittlerweile bedeutend bei der Medien-

---

248 vgl. SMZ/AFP/DPA: Guttenberg erstmals beliebtester Politiker, http://www.tagesspiegel.de/politik/deutschland/Politbarometer-Umfrage-Angela-Merkel-Guttenberg;art122,2855698,7-pg2, letzter Zugriff: 24.7.2009

249 vgl. Vornbäumen, Axel: Der Überflieger, in: Stern 29/2009, S.37

nutzung deutscher Jugendlicher.[250] Dies können klassische Medien wie Fernsehen und Presse nicht leisten, weshalb das Internet auch in Zukunft für die Politik weiter an Bedeutung zunehmen wird. Ein gleichwertige Alternative zur Politikvermittlung in den klassischen Massenmedien kann das Internet jedoch erst in naher Zukunft werden, wenn die heutigen Jugendlichen die mittlere Altersschicht der Gesellschaft bilden und die nachfolgende Generation wiederum ganz selbstverständlich mit dem dann fester etablierten Medium aufgewachsen ist. Mittlerweile sind Onlineportale wie www.studivz.de selber daran interessiert, gemeinsam Projekte mit den Parteien zu erstellen. Bereits zur Wahl des europäischen Parlaments hat es dort verschiedene Möglichkeiten gegeben, sich über Parteien und Programmpunkte zu informieren.

Man kann sich die deutschen Parteien und deren politisches Brauchtum momentan nicht so recht als digitale Bewegung vorstellen. Doch selbst, wenn man in kommenden Wahlkämpfen feststellt, dass die Bemühungen im Internet und die darauf abgestimmten Parolen nicht die erhoffte Wirkung erzielen konnten, wird man daran festhalten. Denn es ist davon auszugehen, dass das öffentliche Bekenntnis, dass man sich an Obamas Erfolgsstrategien orientieren wolle, momentan wahltaktische Vorteile mit sich bringt. Ähnlich wie im Bundestagswahlkampf der SPD 1998, in dem sie sich offiziell an englischen und amerikanischen Vorbildern orientierte, lässt sich über ein solches Bekenntnis zumindest die Progressivität der eigenen Partei unterstreichen. Ein moderner Internetwahlkampf und die Orientierung an der Trendsetter-Funktion Barack Obamas eignen sich also zumindest dazu, die Partei und den Kandidaten symbolisch in ein zukunftsgerichtetes Licht zu tauchen.

---

[250] vgl. Oehmichen, Ekkehardt/Schröter, Christian: Medienübergreifende Nutzungsmuster, S.394

Literaturverzeichnis

Adam, Silke: Wahlen in der Mediendemokratie. Die Präsidentschaftswahl 2000 in den USA, Stuttgart 2002

AFP/CLAF(o.V.): US Wahlkampf. Obamas Stimmenfang im Internet. Einstellungsdatum: 24.10.2008, http://www.focus.de/digital/internet/us-wahlkampf-obamas-stimmenfang-im-internet_aid_343189.html, letzter Zugriff am 22.7.2009

Alemann, Ulrich/Marschall, Stefan: Parteien in der Mediendemokratie - Medien in der Parteiendemokratie, in: Alemann, Ulrich/Marschall, Stefan: Parteien in der Mediendemokratie, Wiesbaden 2002, S.15ff

Alexander, Dietrich: Jung, weiblich, schwarz – das sind Obamas Wähler, Einstellungsdatum: 6.11.2008, http://www.welt.de/politik/article2685771/ Jung-weiblich-schwarz-das-sind-Obamas-Waehler.html, letzter Zugriff am 22. 7.2009

Alexander, Dietrich: Obama vereinte die Enttäuschten und Bush - Müden, Einstellungsdatum: 5.11.2008,http://www.welt.de/ politik/article2680892/Obama-vereinte-die-Enttaeuschten-und-Bush-Mueden.html#reqRSS, letzter Zugriff am 22.7.2009

AP/N24(o.V.): "Yes we can". SPD testet Obama Slogan, Einstellungsdatum: 2.6.2008, http://www.n24.de/news/ newsitem_958004.html, letzter Zugriff am 26.7.2009

Augsburger-allgemeine.de(o.V.):US-Konjunktursorgen verstärken sich, Einstellungsdatum: 5.1.2008, http://www.augsburger-allgemeine.de/ Home/Nachrichten/Wirtschaft/Artikel,-US-Konjunktursorgen-verstaerken-sich-_arid,1143802_regid,2_puid,2_pageid,4557.html, letzter Zugriff am 22.7.2009

Arnsberger, Malte: Feindbild Amerika. Anti-Amerikanismus ist salonfähig, Einstellungsdatum 11.9.2007, http://www.stern.de/ politik/ausland/:Feindbild-Amerika-Anti-Amerikanismus/597388.html, letzter Zugriff am 22.7.2009

Backhaus Maul, Holger: „Engagementförderung durch Unternehmen in den USA. Über die produktive Balance zwischen Erwerbsarbeit, Familienleben und bürgerschaftlichem Engagement“, in: Deutscher Bundestag (Hrsg.). Enquete- Kommission „Zukunft des Bürgerschaftlichen Engagements“. Schriftenreihe Band 2: Bürgerschaftliches Engagement von Unternehmen, Opladen 2003

Balzer, Axel/Geilich, Marvin: Politische Kommunikation in der Gegenwartsgesellschaft - Politikvermittlung zwischen Kommunikation und Inszenierung, in: Balzer, Axel/Geilich, Marvin/Rafat, Schamim(Hrsg.): Politik als Marke. Politikvermittlung zwischen Kommunikation und Inszenierung, Berlin 2005, S.16ff

Beck, Ulrich: Die Erfindung des Politischen, Frankfurt/M 1993

Beste, Ralf: Crazy about Barack. Obamamania Infects Germany, Einstellungsdatum: 26.5.2008, http://www.spiegel.de/ international/europe/0,1518,555437,00.html, letzter Zugriff am 22.7.2009

Bieber, Christoph: Vom Medien- zum Multimediapolitiker? Alte und neue Medien als Resonanzboden für politische Karrierewege, in: Alemann, Ulrich/Marschall, Stefan: Parteien in der Mediendemokratie, Wiesbaden 2002, S.210ff

Biermann, Kai: Community. Aus Obamas dotcom wird dotgov, Einstellungsdatum: 22.1.2009, http://www.zeit.de/online/2008/49/obama-community, letzter Zugriff am 22.7.2009

Blätter für internationale Politik: Quo vadis, Amerika? Die Welt nach Bush, Bonn 2008

Braun, Sebastian: Bürgerschaftliches Engagement im politischen Diskurs, in: Aus Politik und Zeitgeschichte. 25 - 26/2001, http://www.bpb.de/files/7334M7.pdf, letzter Zugriff am 22.7.2009

Brettschneider, Frank: Spitzenkandidaten und Wahlerfolg. Personalisierung - Kompetenz - Parteien. Ein internationaler Vergleich, Wiesbaden 2002

Brettschneider, Frank: Wahlen in der Mediengesellschaft. Der Einfluss der Massenmedien auf die Parteipräferenz, in: Alemann, Ulrich/Marschall, Stefan: Parteien in der Mediendemokratie, Wiesbaden 2002, S.57ff

Brömme, Norbert/Strasser, Hermann: Gespaltene Bürgergesellschaft? Die ungleichen Folgen des Strukturwandels von Engagement und Partizipation, in: Aus Politik und Zeitgeschichte. 25 - 26/2001, http://www.bpb.de/files/0QUUUG.pdf, letzter Zugriff am 22.7.2009

Chaudry, Lakshmi: Generation Obama. Programm und Protagonisten der "New Progressive Democrats", in: Blätter für internationale Politik: Quo vadis, Amerika? Die Welt nach Bush, Bonn 2008, S.219ff

Christ, Sebastian: Berlin-Besuch: Obama ist für alle da!, Einstellungsdatum: 9.7.2008, http://www.stern.de/politik/deutschland/: Berlin-Besuch-Obama/626581.html#video, letzter Zugriff am 22.7.2009

DDP/DPA/AP/DCS(o.V.): Umfrage: Die Deutschen vertrauen den Parteien nicht mehr, Einstellungsdatum: 6.5.2009, http://www.welt.de/politik/article3684354/Die-Deutschen-vertrauen-den-Parteien-nicht-mehr.html, letzter Zugriff am 22.7.2009

Deutscher Bundestag (Hrsg.): Enquete-Kommission „Zukunft des Bürgerschaftlichen Engagements.“Schriftenreihe Band 4: Bürgerschaftliches Engagement: auf dem Weg in eine zukunftsfähige Gesellschaft, Opladen 2002

Dörner, Andreas: Politainment. Politik in der medialen Erlebnisgesellschaft, Frankfurt 2001

DPA: Brandt 1969"Mehr Demokratie wagen", Einstellungsdatum: 11.8.2005, http://www.focus.de/politik/deutschland/neuwahl2005/brandt-1969_aid_15978.html, letzter Zugriff am 22.7.2009

DPA/RED/EPD/NM(o.V.): Enttäuschung über Irak-Krieg wächst, Einstellungsdatum: 20.3.2008, http://www.lr-online.de/nachrichten/Fuenf-Jahre-Irakkrieg-Irak-USA-Bush-Terrorismus;art56867,1976255, letzter Zugriff am 22.7.2009

Ehmunds, Corinna: Obama in Berlin. Große Träume eines Weltverbesserers. Einstellungsdatum: 25.7.2008, http://www.tagesschau.de/inland/obamarede108.html, letzter Zugriff am 22.7.2009

Ehnes, Ulrike/Labriola, Patrick/Schiffer, Jürgen: Politisches Wörterbuch zum Regierungssystem der USA, Oldenburg 2001

Fischer, Joschka: Barack Obama: Über Traum und Realität in der Politik. Einstellungsdatum: 22.1.2009, http://www.zeit.de/online/2008/barack-obama-realitaeten-joschka-fischer, letzter Zugriff am 22.7.2009

Focus.de(o.V.): Unionsabsturz. Demoskopen geben Merkel Schuld, Einstellungsdatum: 19.09.2005, http://www.focus.de/politik/deutschland/neuwahl2005/cdu-schlappe_aid_99356.html, letzter Zugriff am 22.7.2009

Franck, Georg: Ökonomie der Aufmerksamkeit. Ein Entwurf, München/Wien 1998

Geis, Matthias: Wahlkampf: Gerechtigkeit für die SPD!, Einstellungsdatum: 9.7.2009, http://www.zeit.de/2009/29/01-SPD?page=1, letzter Zugriff am 22.7.2009

Gloger, Katja: US- Wahl. Obama kämpft um wilden Westen, Einstellungsdatum: 29.10.2008, http://www.stern.de/politik/ausland/:US-Wahl-Obama-Wilden-Westen-/643891.html, letzter Zugriff am 22.7.2009

Görtemaker, Manfred: Geschichte der Bundesrepublik Deutschland. Von der Gründung bis zur Gegenwart, Frankfurt 2004

Graw, Ansgar: Parteien in tiefer Vertrauenskrise. Einstellungsdatum 24.4.2003, http://www.welt.de/print-welt/article690440/
Parteien_in_tiefer_Vertrauenskrise.html, letzter Zugriff am 22.7.2009

Gruber, Andreas K.: Der Weg nach ganz Oben. Karriereverläufe deutscher Spitzenpolitiker. Bamberg 2008

Haas, Christoph M./Weltz, Wolfgang: Das Regierungssystem der USA, Oldenburg 2007

Hengst, Björn: Obama hat sein Blackberry zurück. www.spiegel.de. Einstellungsdatum: 29.1.2009, http://www.spiegel.de/netzwelt/mobil/
0,1518,604428,00.html, letzter Zugriff am 22.7.2009

Hohlfeld, Ralf: Bundestagswahlkampf 2005 in den Hauptnachrichtensendungen, in: Aus Politik und Zeitgeschichte, 38/2006, http://www.bundestag.de/dasparlament/2006/38/Beilage/003.html, letzter Zugriff am 22.7.2009

Holtz-Bacha, Christina: Parteien und Massenmedien im Wahlkampf,
in: Alemann, Ulrich/Marschall, Stefan: Parteien in der Mediendemokratie, Wiesbaden 2002, S. 42ff

Horn, Uwe: Neuer Tiefstand: Nur 17 Prozent vertrauen den Parteien, Einstellungsdatum: 10.8.2005, http://www.readersdigest.de/ service_fuer_journalisten/index.php?id=start&no_cache=1&tx_ttnews%5Btt_news%5D=347&tx_ttnews%5BbackPid%5D=28, letzter Zugriff am 22.7.2009

Horst Dippel: *Geschichte der USA*. München 2003

http://www.hungryforobama.com/

Jörges, Hans - Ulrich: Das entmündigte Volk, in: Stern 31/2009, S.52

Kellerhoff, Sven - Felix: Wahlkampf. Schon Konrad Adenauer war ein Medienkanzler, Einstellungsdatum: 14.8.2008, http://www.welt.de/kultur/article2308637/Schon-Konrad-Adenauer-war-ein-Medienkanzler.html, letzter Zugriff am 22.7.2008

Kevenhörster, Paul: Politikwissenschaft. Band 1: Entscheidungen und Strukturen der Politik, 3. Auflage, Stuttgart 2007

Kleinert, Hubert: Abstieg der Parteiendemokratie, in: Aus Politik und Zeitgeschichte. 35 - 36/2007, S.3, http://www.bpb.de/files/13NBQY.pdf, letzter Zugriff am 22.7.2009

Korte, Karl-Rudolf: Was kennzeichnet modernes Regieren? Regierungshandeln von Staats- und Regierungschefs im Vergleich, in: APuZ, B5/2001

Knorr, Eric: The Year of Web Services, in: CIO. The Ressource for Information Executives, 1/2004, S.90ff

Krimphove, Petra: Bürgerschaftliches Engagement und Sozialstaat: ein Vergleich zwischen Deutschland und den USA, Berlin 2004, http://www.journalistenetage.de/krimphove/Buergerengagement.pdf, letzter Zugriff am 22.7.2009

Lass, Jürgen: Vorstellungsbilder der Kanzlerkandidaten. Zur Diskussion um die Personalisierung von Politik, Berlin 1995

Leanne, Shel: Sag's wie Obama. Austrahlung, Rethorik und Visionen des neuen US Präsidenten, Wien 2009

Löhe, Fabian: Bundestagswahl: Von Obama lernen heißt twittern lernen, Einstellungsdatum: 27.2.2009, http://www.focus.de/politik/deutschland/ tid-13516/bundestagswahl-von-obama-lernen-heisst-twittern-lernen_aid_375352.html, letzter Zugriff am 22.7.2009

Lösche, Peter/Von Loeffelholz, Hans-Dietrich: Länderbericht USA, Bonn 2004

Luhmann, Niklas: Die Realität der Massenmedien, Wiesbaden 2004

Marcinkowski, Frank/Greger, Volker: Die Personalisierung politischer Kommunikation im Fernsehen. Ein Ergebnis der Amerikanisierung?, in: Kamps, Klaus(Hrsg.), Trans-Atlantik - Transportabel? Die Amerikanisierungsthese in der politischen Kommunikation, Wiesbaden 2000, S.179ff

Merten Klaus/Schmidt, Siegfried J./ Weischenberg, Siegfried: Die Wirklichkeit der Medien, Opladen 1994

Meyer, Thomas/Ontrup, Rüdiger/Schicha, Christian: Die Inszenierung des Politischen – Zur Theatralität von Mediendiskursen, Wiesbaden 2000

Micus, Matthias: Willy Brandt, die Medien-Marionette, Einstellungsdatum: 4.3.2007,http://www.spiegel.de/politik/deutschland/ 0,1518,469575,00.html, letzter Zugriff: 23.7.2009

Müller, Albrecht: Von der Parteiendemokratie zur Mediendemokratie. Beobachtungen im Bundestagswahlkampf 1998 im Spiegel früherer Erfahrungen, Opladen 1999

Neller, Katja: Politisches Engagement in Europa, in: Aus Politik und Zeitgeschichte 30-31/2006, http://www.bundestag.de/dasparlament/ 2006/30-31/beilage/005.html#9, letzter Zugriff am 22.7.2009

Oehmichen, Ekkehardt/Schröter, Christian: Medienübergreifende Nutzungsmuster: Struktur und Funktionsverschiebungen, in: Media Perspektiven 8/2008. S.394ff, http://www.ard-zdf-onlinestudie.de/ fileadmin/Online08/Schroeter_Oehmichen.pdf, letzter Zugriff am 22.7.2009

Patalong, Frank: Wahlkampf 2.0: Obama boomt im Internet, Einstellungsdatum: 11.2.2008, http://www.spiegel.de/netzwelt/web/ 0,1518,534397,00.html, letzter Zugriff am 22.7.2009

Perger, Werner A.: Das Modell Obama: Charismatiker und Pragmatiker. Einstellungsdatum: 22.1.2009, http://www.zeit.de/online/2009/04/obama-pragmatismus-charisma?page=1, letzter Zugriff am 22.7.2009

Peter, Christopher J.: Scharping als SPD Chef. Schmalspur- Obama aus dem Westerwald, Einstellungsdatum: 13.6.2008, http://einestages.spiegel.de/static/topicalbumbackground/2176/schmalspur_obama_aus_dem_westerwald.html, letzter Zugriff am 22.7.2009

Pew Forum on Religion and public Life (o.V.): Voting religiously, Einstellungsdatum: 5.11.2008, http://pewresearch.org/pubs/1022/exit-poll-analysis-religion, letzter Zugriff am 24.7.2009

Pfetsch, Barbara: Politik und Medien - Neue Abhängigkeiten?, in: Balzer, Axel/Geilich, Marvin/Rafat, Schamim(Hrsg.), Politik als Marke. Politikvermittlung zwischen Kommunikation und Inszenierung, Berlin 2005, S.34ff

Pfetsch, Barbara: Political Communication Culture in the United States and Germany, in: The Harvard International of Press and Politics, Vol. 6, 1/2001, S.50

Plasser, Fritz/Plasser, Gunda: Global Political Campaigning. A Worldwide Analysis of Campaign Professionals and Their Practices, Westport 2002

Plehwe, Kerstin/Bohne, Maik: Von der Botschaft zur Bewegung - Die zehn Erfolgsstrategien des Barack Obama, Hamburg 2008

Prem, Klaus P.: Wählerverhalten. Die Bedeutung von Spitzenpolitikern wird überschätzt. Einstellungsdatum: 24.7.2002, http://www.innovations-report.de/html/berichte/studien/bericht-11534.html, letzter Zugriff am 22.7.2009

Reichart, Marcel: Die Macht des Internets. Politik 2.0, Einstellungsdatum: 20.1.2009, http://www.focus.de/digital/multimedia/dld-2009/tid-13155/politik-2-0-die-macht-des-internets_aid_363558.html, letzter Zugriff am 22.7.2009

Reichart, Marcel/Schmidt, Arthur/Martin, Desiree/Remke, Susann: DLD Internet Politics Studie 2009, http://www.dld-conference.com/upload/DLD_Internet_Politics_20_01_09.pdf, letzter Zugriff am 22.7.2009

Reinemann, Carsten/Maurer, Marcus: Schröder gegen Merkel - Wahrnehmung und Wirkung des TV Duells, in: Brettschneider, Frank/Niedermeyer, Oskar/Weßels, Bernhard(Hrsg.): Die Bundestagswahl 2005, Wiesbaden 2007, S.197ff

Römmele, Andrea: Direkte Kommunikation zwischen Parteien und Wählern. Professionalisierte Wahlkampftechnologien in den USA und in der BRD, Wiesbaden 2005

Römmele, Andrea: Elitenrekrutierung und die Qualität politischer Führung, in: Zeitschrift für Politik, 3/2004

Römmele, Andrea: Konvergenzen durch professionalisierte Wahlkampfkommunikation? Parteien auf dem Prüfstand, in: Alemann, Ulrich/Marschall, Stefan: Parteien in der Mediendemokratie, Wiesbaden 2002, S.328 ff

Rosenberger, Siegrid Elisabeth: Der Faktor Persönlichkeit in der Politik. Leadershipanalyse des Kanzlers Willi Brandt, Wiesbaden 2005

Rössler, Patrick/Schatz, Heribert/Nieland, Jörg - Uwe(Hrsg): Politische Akteure in der Mediendemokratie, Wiesbaden 2002

Roß, Jan: Anti-Amerikanismus: Das Bauchgrimmen des Erdballs, Einstellungsdatum: 26.4.2007, http://www.zeit.de/2007/18/Anti-Amerikanismus, letzter Zugriff am 22.7.2009

RP-online.de(o.V.): Kandidat der Hessen SPD. Thorsten Schäfer-Gümbel-Kandidat der Demut, Einstellungsdatum: 15.1.2009, http://www.rp-online.de/public/article/politik/deutschland/661344/
Thorsten-Schaefer-Guembel-Kandidat-der-Demut.html, letzter Zugriff am 22.7.2009

RP -online.de(o.V.): Wahlanalyse. Wer hat Obama gewählt?, Einstellungsdatum: 5.11.2008, http://www.rp-online.de/public/article/
politik/ausland/634482/Wer-hat-Obama-gewaehlt.html, letzter Zugriff am 22.7.2009

Sarcinelli, Ulrich: Elite, Prominenz, Stars? Zum politischen Führungspersonal in der Mediendemokratie, in: Balzer, Axel/Geilich, Marvin/Rafat, Schamim(Hrsg.):Politik als Marke. Politikvermittlung zwischen Kommunikation und Inszenierung, Berlin 2005, S.62ff

Sarcinelli, Ulrich: Politische Kommunikation in Deutschland. Zur Politikvermittlung im demokratischen System, Wiesbaden 2009

Sarcinelli, Ulrich: Vom Traditionsverein zur Event Agentur? Anmerkungen zur jugendrelevanten Modernisierung der Parteien in der Mediengesellschaft, in: Alemann, Ulrich/Marschall, Stefan: Parteien in der Mediendemokratie, Wiesbaden 2002, S. 347ff

Schönstein, Jürgen: Wahlkampf. Die 5,3-Milliarden-Dollar-Show. Einstellungsdatum: 30.10.2008, http://www.focus.de/finanzen/news/ wahlkampf-die-5-3-milliarden-dollar-show_aid_344504.html, letzter Zugriff am 22.7.2009

SMZ/AFP/DPA(o.V.): Guttenberg erstmals beliebtester Politiker, Einstellungsdatum: 24.7.2009, http://www.tagesspiegel.de/politik/ deutschland/Politbarometer-Umfrage-Angela-Merkel-Guttenberg;art122,2855698,7-pg2, letzter Zugriff am 24.7.2009

Stöcker, Christian: Obamas Wahlsieg. Wie das Internet seinen Champion feiert, Einstellungsdatum: 5.11.2008, http://www.spiegel.de/netzwelt/web/0,1518,588675,00.html, letzter Zugriff am 22.7.2009

Schulz, Winfried: Politische Kommunikation. Theoretische Ansätze und Ergebnisse empirischer Forschung, Wiesbaden 2008

Siefken, Sven T.: Vorwahlen in Deutschland? Folgen der Kandidatenauswahl nach U.S.-Vorbild", in: Zeitschrift für Parlamentsfragen, 3/ 2002, S. 531-550

Spiegel-online.de(o.V.): Wahlkampfkritik: Waigel findet Wahlslogan der Union albern, http://www.spiegel.de/politik/deutschland/ 0,1518,381032,00.html, letzter Zugriff am 22.7.2009

Spiegel-Online.de(o.V.): Hurrikan-Krise: Bush verliert an Zustimmung, Einstellungsdatum: 12.9.2005, http://www.spiegel.de/panorama/

0,1518,374195,00.html, letzter Zugriff am 22.7.2009

Statista2009: Wahlbeteiligung bei Bundestagswahlen seit 1949, http://de.statista.com/statistik/daten/studie/2274/umfrage/entwicklung-der-wahlbeteiligung-bei-bundestagswahlen-seit-1949/, letzter Zugriff am 22.7.2009

Stern.de(o.V.): Forsa-Umfrage: Die meisten Deutschen haben kein Vertrauen in die Parteien, Einstellungsdatum: 18.5.2004, http://www.stern.de/politik/deutschland/forsa/:Forsa-Umfrage-Die-Deutschen-Vertrauen-Parteien-/524161.html?id=524161, letzter Zugriff am 22.7.2009

Strünck, Christoph: Where is the party? US - amerikanische Parteien im Strudel der Kommunikation, in: Alemann, Ulrich/Marschall, Stefan: Parteien in der Mediendemokratie, Wiesbaden 2002, S.310 ff

Sueddeutsche.de/DPA/JTR(o.V.): Wie Rebellen gegen das Establishment, Einstellungsdatum: 5.9.2008, http://www.sueddeutsche.de/politik/120/309061/text/, letzter Zugriff am 22.7.2009

SurveyUSA: Approval Ratings for all 100 US Senators as of 02/21/06, Verona 2006

http://www.surveyusa.com/50State2006/100USSenator060221Approval.htm
l, letzter Zugriff am 22.7.2009

Ulrike Ehnes/Patrick Labriola/Jürgen Schiffer: Politisches Wörterbuch zum Regierungssystem der USA, Oldenburg 2001

Vornbäumen, Axel: Der Überflieger, in: Stern 29/2009, S.28ff

Voß, Corinna: Angela Merkel - "Kontrolliert - sachlich - nüchtern", Einstellungsdatum: 20.7.2007, http://www.welt.de/politik/article1041017/Angela_Merkel_kontrolliert_sachlich_nuechtern.html, letzter Zugriff am 22.7.2009

VW/BEU(o.V.): Obama-Kandidatur: Ikarus findet seine Flughöhe, Einstellungsdatum: 4.6.2008, http://www.sueddeutsche.de/politik/365/302361/text/, letzter Zugriff am 22.7.2009

Wagner, Jochen W.: Deutsche Wahlwerbekampagnen made in USA ?, Wiesbaden 2005

Walter, Franz: Baustelle Deutschland, Frankfurt am Main 2008

Walter, Franz: Charismatiker und Effizienzen. Portraits aus 60 Jahren Bundesrepublik, Frankfurt 2009

Walter, Franz: Die SPD. Biographie einer Partei, Hamburg 2009

Walter, Franz/Lütjen,Torben: Medienkarrieren in der Spaßgesellschaft? Guido Westerwelle und Jürgen W. Möllemann, in: Alemann, Ulrich/Marschall, Stefan: Parteien in der Mediendemokratie, Wiesbaden 2002, S.390ff

Wiesendahl, Elmar: Parteienkommunikation parochial. Hindernisse beim Übergang in das Online-Parteienzeitalter, in: Alemann, Ulrich/Marschall, Stefan: Parteien in der Mediendemokratie, Wiesbaden 2002, S.365ff

Wikipedia.de: Suchwort "Angela Merkel", http://de.wikipedia.org/wiki/Angela_Merkel, letzter Zugriff am 22.7. 2009

Wikipedia.de: Suchwort "Frank-Walter Steinmeier", http://de.wikipedia.org/wiki/Frank-Walter_Steinmeier, letzter Zugriff am 22.7.2009

Wikipedia.de: Suchwort "Web2.0", http://de.wikipedia.org/wiki/Web_2.0, letzter Zugriff am 22.7.2009

Wolff-Doettinchem, Lorenz: Paul Kirchhoff - Der Fassungslose. in: Stern 38/2005, http://www.stern.de/politik/deutschland/:Paul-Kirchhof-Der-Fassungslose/546026.html, letzter Zugriff am 22.7.2009

Zeit.de(o.V.): Die Neuen in Washington, Einstellungsdatum: 2.3.2009, http://www.zeit.de/online/2008/48/bg-obama-kabinett?1, letzter Zugriff am 22.7.2009

Zicht, Wilko/Cantow, Matthias: Sonntagsfrage Bundestagswahl, Einstellungsdatum: 22.7.2009, http://www.wahlrecht.de/umfragen/ index.html, letzter Zugriff am 22.7.2009

Zimmer, Anette: Vereine- Zivilgesellschaft konkret, Münster 2007

3.ndr.de/Zapp - Das Medienmagazin: Ein Medienkanzler als Inszenierungskünstler. Einstellungsdatum: 14.9.2005, http://www3.ndr.de/sendungen/zapp/archiv/medien_politik/ zapp2500.html, letzter Zugriff am 22.7.2009

Steffen Baumhauer

Auf der Suche nach dem modernisierten Wahlkampf

Eine vergleichende Betrachtung der SPD-Bundestagswahlkämpfe zwischen 1998 und 2005

ISBN 978-3-89821-953-4
170 S., Paperback, € 24,90

Erhältlich in jeder Buchhandlung oder direkt bei

ibidem

In den letzten Jahren scheint die Wahlkampfführung in Deutschland einem rapiden Wandel unterworfen zu sein, der meist als "Amerikanisierung" oder "Modernisierung" bezeichnet wird. Während die genaue Bedeutung dieser Begriffe meist im Dunkeln bleibt, wird auch bei der nächsten Bundestagswahl, wie schon in den Wahljahren zuvor, wieder der Vorwurf aufkommen, der Wahlkampf in Deutschland werde "amerikanisiert", etwa da er sich auf Personen konzentriere, zunehmend negativ oder inhaltsleer werde oder bestimmt sei von Kommunikationsprofis, oft als "Spin Doctors" bezeichnet. Aber stimmt diese weit verbreitete, plakative Behauptung über das Wahlkampfgeschehen in Deutschland wirklich?

Steffen Baumhauer untersucht in seinem vorliegenden Buch die Wahlkampfführung und Wahlkampfkommunikation der Sozialdemokratischen Partei Deutschlands (SPD), deren Wahlkämpfe meist als besonders "amerikanisiert" dargestellt werden. Seine Analyse der Wahlkämpfe zu den Bundestagswahlen 1998, 2002 und 2005 wird durch die Betrachtung politischer Werbung ergänzt. In der Wahlwerbung, die im Gegensatz zur medialen Wahlkampfkommunikation keinerlei journalistischen Einflüssen unterliegt, ist die Selbstdarstellungsstrategie der Politik besonders evident; mit den Wahlplakaten wird dabei das zentrale Werbemittel der Wahlkampagne analysiert.

Baumhauer gelangt dabei zu einem verblüffenden Ergebnis: Der vieldiskutierte und immer wieder postulierte Wandel des deutschen Wahlkampfes ist nicht zu erkennen, der behauptete Umbruch in der Wahlkampfführung hat gar nicht stattgefunden.

***ibidem*-Verlag**

Melchiorstr. 15

D-70439 Stuttgart

info@ibidem-verlag.de

www.ibidem-verlag.de
www.ibidem.eu
www.edition-noema.de
www.autorenbetreuung.de

Zeitfracht Medien GmbH
Ferdinand-Jühlke-Straße 7
99095 Erfurt, Deutschland
produktsicherheit@kolibri360.de